9·7급 공무원 시험대비

박문각 공무원

이준 마법 교정학

기출 옳은 지문
익힘장

이준 편저

50년 시간이 만든 합격비결
합격 노하우가 다르다!

QMG 박문각

Preface
이 책의 머리말

마법 교정학에 끊임없이 관심과 사랑을 베풀어 주신 수험생 분들께 감사드립니다.

교정학 과목은 다른 전공과목과는 달리 기출의 중요성이 매우 높은 과목 중 하나입니다.

그러다 보니, 수험생들이 마지막 정리와 암기를 통해 마무리 학습을 하는 데 있어 기출의 중요성보다 더 크게 강조되는 것은 없었습니다. 매년 시험 전 반복되어 출제되는 주요 기출 옳은 지문만을 가지고 특강을 진행하였으며, 매년 엄청난 지문을 적중시키는 쾌거를 갖게 되었습니다. 이미 시험에서 검증된 상황 속에서 마법 교정학 수험생들에게 마지막 학습을 통한 암기할 부분을 교정학 교재 최초로 볼드체 형태로 구성하여 키워드 중심으로 암기할 수 있도록 익힘장을 만들었습니다.

볼드체 형태로 암기를 한다면 분명 이 익힘장만을 가지고도 고득점을 할 수 있을 것이며, 부록으로 주요 내용을 박스로 정리해서 수록하여 다시 한 번 확인할 수 있도록 편재하였습니다.

마지막으로, 언제나 따뜻한 격려와 조언을 아끼지 않는 이언담 박사님(아담교정학, 형사정책 대표 저자)께 감사인사를 드리며, 항상 곁에서 끊임없이 응원해주는 윤희선님께도 감사인사를 드립니다.

2023년 2월

이준 드림

Contents

이 책의 차례

www.pmg.co.kr ——————————————————————————

교정론

01 교정학 서론

01 형벌을 통한 사회방위와 단순한 지적·도덕적 교육을 통한 개선을 강조하는 것은 **목적형주의**이고, 이에 그치지 않고 범죄인을 지(知)·정(情)·의(意)를 겸비한 사회인으로 복귀시키기 위한 온갖 방법을 포함하는 것은 **교육형주의**이다.

02 **응보형주의**는 어떠한 목적을 실현하기 위하여 개인에게 형벌을 과하는 것이 아니라, 야기된 범죄에 대하여 보복적인 의미로 형벌을 과하는 것이다.

03 형벌의 목적을 범죄인의 교육에 두려는 학설인 **교육형주의**는 범죄인의 자유박탈과 사회로부터의 격리 즉, 형벌을 교육을 위한 수단으로 보았다. 따라서 형벌을 배제한 것은 아니었다.

04 **교정학**은 교화개선 및 교정행정과 관련된 일련의 문제들을 이론적·과학적으로 연구하는 학문이다.

02 교정의 역사

01 **복수적** 단계 ➪ **위하적** 단계 ➪ **교육적** 개선단계 ➪ **과학적** 처우단계 ➪ **사회적** 권리보장단계

02 **일반예방**에 입각한 심리강제와 가혹하고 **준엄한 형벌부과**를 강조하였다. ― **위하적 단계**

03 **실증적**인 범죄분석과 범죄자에 대한 **개별적 처우**를 실시하였다. ― **과학적 처우단계**

04 인간다운 삶의 권리, 법률구조, 종교의 자유 등 헌법상 보장된 **기본적 인권**을 수형자들에게도 폭넓게 인정하였다. ― **사회적 권리보장단계**

05 **공리주의**의 영향을 받았으며, 국가형벌권의 행사에 있어서도 **박애주의 사상**이 도입되었다. ― **교육적 개선단계**

06 **국제형사학협회** ― 1889년 독일의 리스트(Liszt)를 중심으로 네덜란드의 하멜(Hamel), 벨기에의 프린스(Prins)에 의해 설립되어 1937년까지 11회의 국제회의를 개최하였다.

07 **국제형법 및 형무회의** ― 처음에는 '국제형무회의'라는 명칭으로 각국 정부의 공식적인 대표들이 참여하였으며, 5년마다 소집되어 초기에는 행형문제를 주로 토의하였다.

08 **국제형법학회** ― 1924년 파리에서 프랑스, 벨기에, 이탈리아, 스위스, 폴란드 및 미국의 학자들이 모여 창설하였으며, 벨기에의 브뤼셀에서 1회 회의를 개최하였다.

09 **유엔범죄예방 및 범죄자처우회의** ― '국제형법 및 형무회의'를 계승한 것으로 1955년에 스위스 제네바에서 제1회 회의를 개최하였다.

10 **유형(流刑)** 중 안치(安置)는 왕족이나 고관현직자에 적용되었고, 유거의 성질에 따라 본향안치(本鄕安置), 절도안치(絶島安置), 위리안치(圍籬安置) 등이 있었다.

11 **태형**은 가장 가벼운 형벌로서 작은 가시나무 회초리로 죄인의 볼기를 **10대에서 50대까지** 때렸으며, 5등급으로 구분되었다.

12 **장형**은 태형보다 중한 형벌로서 큰 가시나무 회초리로 **60대에서 100대까지** 때렸으며, 5등급으로 구분되었다.

13 **중도부처**는 관원(일반관원)에 대하여 과하는 형으로 **일정한 지역을 지정**하여 그곳에서만 거주하도록 하는 것으로 유생에 대해서도 적용되었다.

14 **자자형**은 **신체의 일부**에 글씨 등을 새겨 넣는 부가형으로, 평생전과로 낙인을 찍는 가혹성으로 영조 16년(**1740년)에 폐지**하였다.

15 **안치(安置)**는 죄인을 **유형지 내의 일정 장소에 격리**하여 유거시키는 형벌로, 주로 왕족 또는 고관 등에게 적용되었다.

16 고려에는 5종의 형벌 외에도 **죄인의 얼굴**에 죄명을 먹물로 새겨 넣는 **삽루형(鈒鏤刑)**이 있었다.

17 조선의 **유형수(流刑囚)** 중에는 유배지에 **처와 첩이 동행**하는 경우가 있었다.

18 고려와 조선시대에는 일정한 조건 아래 형을 대신하여 **속전**을 받는 제도가 있었다.

03 범죄에 대한 인식과 처벌의 정당성

01 **재통합모형** − 범죄자의 문제는 범죄문제가 시작된 **바로 그 사회**에서 해결되어야 한다는 가정 아래 지역사회에 기초한 교정을 강조한다.

02 **의료모형** − 범죄인을 **결정론적 관점**에서 바라보며, 범죄원인에 따라 인성의 결함을 치료해야 한다는 모형으로 **부정기형제도**의 이론적 기초가 되었다.

03 **사법모형** − 교도소는 사회복귀실행의 장소가 아니라 처벌의 장소라는 입장에서 **정기형**의 유지 및 **가석방의 폐지** 등을 강조한다.

04 **적응모형** − 범죄자는 **병자**이므로 처우를 필요로 하며 치료될 수 있다고는 믿지만, 동시에 자신의 행위에 대해서 책임질 수 있고 준법 여부에 대한 의사결정을 스스로 할 수 있다고 본다.

05 **개선모델** − 가혹한 형벌을 지양하고 **개선과 교화**를 강조한다.

06 사회적 결정론자들은 **사회경제적 조건**을 범죄의 원인으로 보기 때문에 시장성 있는 기술 교육과 취업기회의 제공 등으로 범죄자를 복귀시키는 **경제모델(economic model)**을 지지한다.

07 **재통합모델(reintegration model)** − 범죄자의 **사회재통합**을 위해서 지역사회와의 의미 있는 접촉과 유대관계를 중시하므로 **지역사회 교정**을 강조한다.

08 **재통합모델** − 범죄자와 **지역사회의 유대** 및 지역사회에 **기초**한 처우를 중요시한다.

09 **의료모델(medical model)** − 범죄자가 자신의 의지에 따라 의사를 결정하고 선택할 능력이 없으며 교정을 통해서 치료될 수 있다고 믿는다.

10 **의료(치료·갱생)모델** − 수용자에 대한 강제적 처우로 **인권침해**라는 비판을 받았다.

11 **정의모델(justice model)** − 형사사법기관의 재량권 남용은 시민에 대한 국가권력의 남용이라고 보아 공정성으로서 정의를 중시한다.

12 응보주의(retribution)는 **탈리오(Talio)**법칙과 같이 피해자에게 가해진 해악에 상응하는 처벌을 하는 것이다.

13 **억제(deterrence)**는 처벌의 **확실성, 엄중성, 신속성**의 3가지 차원에서 결정되므로 재소자에 대한 엄정한 처벌이 강조된다.

14 **교화개선(rehabilitation)**은 범죄자에 초점을 맞춘 것으로 재소자들에게 기술과 지식을 습득하게 하여 사회복귀를 도모하는 것이다.

15 **집합적 무력화(collective incapacitation)**는 범죄자의 특성에 기초하여 행해지고, 범죄자의 개선을 의도하지 않는 점에 특색이 있으며, 비슷한 정도의 범죄를 저지른 사람들에게 비슷한 정도의 장기형이 선고되어야 한다는 입장이다.

🔨 회복적 사법

16 **공동**사법, **배상적** 사법, **관계적** 사법이라고도 불린다.

17 피해자가 입은 상처에 대해 진단하고 피해자의 욕구를 **범죄처리절차**에서 반영해야 한다고 주장한다.

18 가해자와 피해자뿐만 아니라 그들이 구성원으로 있는 **지역사회 자체의 역할**과 기능도 강조한다.

19 회복적 사법은 범죄가 발생하는 **여건 · 환경**에 관심을 둔다.

20 회복적 사법은 공식적인 형사사법이 가해자에게 부여하는 **오명효과**를 줄이는 대안이 될 수 있다.

21 회복적 사법의 시각에서 보면 범죄행동은 법을 **위반**한 것일 뿐만 아니라 피해자와 지역사회에 **해를 끼친 것이다.**

22 회복적 사법 프로그램으로는 **피해자-가해자 중재, 가족회합** 등이 있다.

23 **회복적 사법의 핵심가치**는 피해자, 가해자 욕구뿐만 아니라 지역사회 욕구까지 반영하는 것이다.

24 브레이스웨이트는 형사사법기관의 공식적 개입을 지양하며 가족, 사회지도자, 피해자, 피해자 가족 등 지역사회의 공동체 강화를 중시하는 '**회복적 사법(restorative justice)**'에 영향을 주었다.

25 **재통합적 수치심**의 궁극적인 목표는 범죄자가 자신의 잘못을 진심으로 뉘우치고 사회로 복귀할 수 있도록 그들이 수치심을 느끼게 할 방법을 찾아내는 것이다.

🔨 다이버전

26 일반적으로 공식적 형사절차로부터의 **이탈과** 동시에 **사회 내 처우프로그램**에 위탁하는 것을 내용으로 한다.

27 형사사법기관이 통상의 형사절차를 **중단**하고 이를 대체하는 새로운 절차로 이행하는 것으로, **성인형사사법보다 소년형사사법에서 그 필요성이 더욱 강조된다.**

28 기존의 사회통제체계가 **낙인효과**로 인해 범죄문제를 해결하기보다는 오히려 **악화**시킨다는 가정에서 출발하고 있다.

🔨 교정관련위원회

29 **귀휴심사위원회**의 위원장은 **소장**이 되고, 위원은 소장이 소속 기관의 과장(지소의 경우에는 7급 이상의 교도관) 및 교정에 관한 학식과 경험이 풍부한 외부인사 중에서 임명 또는 위촉한다.

30 **분류처우위원회**의 위원장은 **소장**이 되고, 위원은 위원장이 소속 기관의 부소장 및 과장(지소의 경우에는 7급 이상의 교도관) 중에서 임명한다.

31 **징벌위원회**의 위원장은 **소장의 바로 다음 순위자가 되고**, 위원은 소장이 소속 기관의 과장(지소의 경우에는 7급 이상의 교도관) 및 교정에 관한 학식과 경험이 풍부한 외부인사 중에서 임명 또는 위촉한다.

32 **가석방심사위원회**의 위원장은 **법무부차관**이 되고, 위원은 판사, 검사, 변호사, 법무부 소속 공무원, 교정에 관한 학식과 경험이 풍부한 사람 중에서 **법무부장관이 임명 또는 위촉**한다.

33 수용자의 관리·교정교화 등 사무에 관한 지방교정청장의 자문에 응하기 위하여 **지방교정청에 교정자문위원회**를 둔다. 수용자의 교육·교화·의료, 그 밖에 수용자의 처우를 **후원**하기 위하여 **교정시설에 교정위원**을 둘 수 있다.

34 보호관찰 심사위원회의 심사·결정사항(보호관찰 등에 관한 법률 제6조)
① **임시퇴원**, 임시퇴원의 **취소** 및 보호소년의 **퇴원**에 관한 사항
② 보호관찰의 **임시해제**와 그 취소에 관한 사항
③ 보호관찰의 **정지**와 그 취소에 관한 사항
④ 가석방 중인 사람의 **부정기형의 종료**에 관한 사항
⑤ 이 법 또는 다른 법령에서 심사위원회의 **관장 사무**로 규정된 사항
⑥ 제1호부터 제6호까지의 사항과 관련된 사항으로서 **위원장이 회의**에 부치는 사항
⑦ (소년수형자에 대한)**가석방**과 (보호관찰을 받는 성인·소년 가석방 대상자의)그 **취소**에 관한 사항

35 취업지원협의회

① 수형자의 건전한 사회복귀를 지원하기 위하여 교정시설에 **취업알선 및 창업지원**에 관한 협의기구를 둘 수 있으며, 이를 구체화한 것이 취업지원협의회이다.

② 협의회는 **회장 1명을 포함**하여 **3명 이상 5명 이하의 내부위원**과 **10명 이상의 외부위원**으로 구성한다.

③ 협의회 **회장은 소장**이 되고, **부회장은 2명을 두되 1명은 소장이 내부위원 중에서 지명**하고 **1명은 외부위원 중에서 호선**한다.

④ 외부위원의 임기는 **3년**으로 하며, **연임**할 수 있다.

04 교정시설과 구금제도

01 **파놉티콘형**은 **벤담**이 고안한 것으로 원형독거방 구조로 **보안**에 유리한 구조이다.

02 **오번형**은 **엘람 린즈**에 의해 고안되어 **완화**된 독거제에 적합한 구조이다.

03 **파빌리온형**은 푸신에 의해 고안된 것으로 수용자의 분류처우와 **보건위생을 중시**한 구조이다.

04 **전주형**은 우리나라 대부분의 교도소 형태로서 **채광 및 통풍 등 자연 위생**이 양호하고 분류처우에 적합하다는 장점이 있으나 계호측면에서 인력이 많이 필요하다는 단점이 있다.

05 벨기에의 **간트(Gand) 교도소**는 분류수용이 보다 과학적으로 시행되고, 개선된 의료시설을 구비하고, 독거제를 인정하는 등 가장 모범적인 '**근대 교도소의 효시**'로 평가받았다.

06 네덜란드의 **브라이드웰 교정원**은 가장 오래된 '**최초의 교정시설**'로 평가받고 있다.

07 **펜실베니아제도**는 퀘이커교도들의 **감옥개량운동**의 일환으로 펜실베니아주에서 시행된 제도이다.

08 **펜실베니아제도**는 모든 수용자의 **독거를 전제**로 한다.

09 **오번제**는 펜실베니아제의 엄정독거에 따른 폐해를 방지하는 데는 유리하나 수용자의 **노동력 착취수단**을 제공한다는 비난이 있다.

10 **처우상 독거수용** : **주간**에는 교육 · 작업 등의 처우를 위하여 일과(日課)에 따른 **공동생활**을 하게 하고 **휴업일과 야간에만 독거수용**하는 것을 말한다.

11 **계호(戒護)상 독거수용** : 사람의 생명 · 신체의 보호 또는 교정시설의 안전과 질서유지를 위하여 항상 독거수용하고 다른 수용자와의 접촉을 금지하는 것을 말한다. 다만, 수사 · 재판 · 실외운동 · 목욕 · 접견 · 진료 등을 위하여 필요한 경우에는 그러하지 아니하다.

12 엄정독거제인 필라델피아제는 **윌리엄 펜**에 의해 완성되었다.

13 필라델피아제는 기도를 통한 **자아성찰**의 기회를 주기 위함이었다.

14 오번제는 뉴욕주 **오번감옥**에서 처음 실시한 제도라는 주장도 있다.

15 오번제는 **엄정독거제**의 결점을 **보완**한 것이다.

16 **개방시설** - 도주방지를 위한 통상적인 설비의 **전부 또는 일부를 갖추지 아니하고** 통상적인 관리 · 감시의 전부 또는 일부를 하지 아니한 교정시설

17 **완화경비시설** - 완화경비시설은 도주방지를 위한 통상적인 설비 및 수형자에 대한 관리 · 감시를 **일반경비시설보다 완화한 교정시설**

18 **일반경비시설** - 도주방지를 위한 통상적인 설비를 갖추고 수형자에 대하여 **통상적인 관리 · 감시**를 하는 교정시설

19 **중(重)경비시설** - 도주방지 및 수형자 상호 간의 접촉을 차단하는 설비를 강화하고 수형자에 대한 **관리 · 감시를 엄중히 하는 교정시설**

20 신설하는 교정시설은 수용인원이 **500명 이내**의 규모로 하는 것을 원칙으로 한다.

21 교정시설의 설치와 운영에 관한 업무의 일부를 **법인 또는 개인**에게 **위탁**할 수 있다.

22 법무부장관은 수용자에 대한 처우 및 교정시설의 유지-관리를 위한 **적정한 인력**을 확보해야 한다.

Chapter 01

05 **교도소 사회의 연구**

01 **재사회화**란 사회화 과정이 충분하게 이루어지지 않았거나 잘못 이루어진 범죄자들에게 사회화에 대한 학습의 기회와 도움을 제공하여 출소한 후에 범죄를 저지르지 않고 정상적인 생활을 할 수 있도록 하는 것을 말한다.

02 재사회화는 **결정론적 인간관**을 전제로 하면서 범죄의 원인을 개인에게서 찾는 모델에서 출발하고 있고, 국가가 개인의 사회화 과정에 간섭하고 교육의 목표를 계획적으로 설정·조정한다는 의미에서 **사회국가 원칙**의 표현이라 볼 수 있다.

03 재사회화 이념 또한 경험적 효과를 지향하는 다시 말해, **재범률의 감소**라는 목표를 지향하는바, 이러한 재범률의 결과에 대해 재사회화 정책을 비판하는 것은 보다 합리적 정책결정을 위한 방안이라 할 수 있다. 재범률은 **특별예방의 효과**와도 관련된다.

04 「형의 집행 및 수용자의 처우에 관한 법률」 제1조가 수형자에 대해 '교정교화와 건전한 사회복귀를 도모'한다고 명시한 것은 이러한 **재사회화**의 목적을 표현한 것이라고 볼 수 있다.

05 **슈랙(C. Schrag)**은 재소자의 역할유형을 **고지식자(square Johns), 정의한(right guys), 정치인(politicians), 무법자(outlaws)**로 구분하고, 고지식자는 친사회적 수형자로서 교정시설의 규율에 동조하며 법을 준수하는 생활을 긍정적으로 지향하는 유형이라고 한다.

06 **고지식자(square Johns)** - 교정시설의 규율에 동조하고 법을 준수하는 생활을 하며, 교도소문화에 거의 가담하지 않는 유형

07 **정의한(right guys)** - 반사회적 수용자로서 교도소 부문화적 활동에 깊이 개입하며, 동료 수용자들로부터 범죄적 전문성으로 인해 존경받는 유형

08 **무법자(outlaws)** - 자신의 목적을 위해서 폭력을 이용하고, 동료 수용자와 교도관 모두를 피해자로 만드는 유형

09 **정치인(politicians)** - 교정시설 내의 각종 재화와 용역을 위한 투쟁에서 이점을 확보하기 위하여 교도관과 동료 수용자 모두를 이용하는 유형

10 **클레머(D. Clemmer)**는 수용기간이 **장기화**될수록 재소자의 교도소화가 **강화**된다고 한다.

11 **휠러(S. Wheeler)**는 재소자의 교도관에 대한 친화성 정도가 입소 초기와 말기에는 높고, 중기에는 낮다고 하면서 교도소화의 정도가 **U자형 곡선** 모양을 보인다고 한다.

12 **서덜랜드(E. Sutherland)와 크레시(D. Cressey)**는 재소자가 지향하는 가치를 기준으로 **범죄지향적 부문화, 수형지향적 부문화, 합법지향적 부문화**로 구분하고, 수형지향적 수용자는 자신의 수용생활을 보다 쉽고 편하게 보내는 데 관심을 두고, 출소 후의 생활을 원활히 하는 데 많은 관심을 두는 것은 합법지향적 수용자에 대한 내용이다.

13 **진짜 남자(real men)** – 교도관의 부당한 처사에 저항하고 교도관에게 공격적 행위를 일삼는 자

14 **중심인(centerman)** – 교도관으로부터 특혜를 얻기 위해 교도관에게 아첨하고 교도관 편에 서는 자

15 **은둔자(retreatist)** – 교정시설의 구금 환경에 적응을 못하여 정신적으로 이상증세를 보이는 자

16 **상인(merchants)** – 개인적 이득을 취하기 위해 교도관과 내통하고 동료를 배신하는 행위를 하는 자

17 **떠벌이(hipsters)** – 재화나 서비스를 쟁취하는 데 이점을 얻기 위해 교도관과 동료를 이용하려는 자

06 수용자의 권리구제

01 동일 사유로 면담 후 정당한 사유 없이 **반복**하여 면담 신청 시 소장은 면담을 할 **의무가 없다.**

02 소장이 면담 신청을 받아들이지 아니하는 경우에는 그 사유를 해당 수용자에게 **알려주어야 한다.**

03 소장은 **특별한 사정**이 있으면 **소속 교도관**으로 하여금 그 면담을 **대리하게 할 수 있다.** 이 경우 면담을 대리한 사람은 그 결과를 **소장**에게 지체 없이 보고하여야 한다

04 소장은 면담한 결과 처리가 필요한 사항이 있으면 그 처리결과를 수용자에게 **알려야 한다.**

05 **순회점검공무원**은 현행법상 규정에 의하여 **1년에 1회** 이상 교도소를 순회점검하여야 한다.

06 **청원**은 **법무부장관 또는 순회공무원과 관할 지방교정청장**에게 할 수 있다.

07 순회점검공무원에 대한 청원은 **서면** 또는 **말**로도 할 수 있다.

08 수용자가 **법무부장관에게 청원**하는 경우에는 **청원서를 작성**하여 **당해 시설의 소장**에게 제출하며, **소장**은 청원서를 개봉하여서는 **아니되며** 이를 지체 없이 법무부장관, 순회점검공무원 또는 관할 지방교정청장에게 보내거나 순회점검공무원에게 전달하여야 한다.

09 수용자가 순회점검공무원에게 청원하는 경우에는 **서면 또는 말**로 할 수 있으며, 순회점검공무원이 말로 청원을 청취하는 때에는 **교도관을 참여시켜서는 아니된다.**

10 **법무부장관**은 교도소 등을 순회점검하거나 소속 공무원으로 하여금 **순회점검**하게 하여야 하며, 판사와 검사는 교도소 등을 **직무상** 필요한 경우 수시로 **시찰**할 수 있다.

11 **판사와 검사**는 직무상 필요하면 교정시설을 **시찰**할 수 있다.

12 소장은 **교도관**에게 시찰을 요구받은 장소를 **안내**하게 해야 한다.

13 **외국인에게 참관**을 허가할 경우에는 **관할 지방교정청장**의 승인을 받아야 한다.

14 **미결수용자**가 수용된 거실은 **참관할 수 없다.**

15 수용자는 「공공기관의 정보공개에 관한 법률」에 따라 **법무부장관, 지방교정청장** 또는 **소장**에게 정보의 공개를 **청구할 수 있다.**

16   예상비용의 산정방법, 납부방법, 납부기간, 그 밖에 비용납부에 관하여 필요한 사항은 **대통령령**
      으로 정한다.

17   비용납부의 통지를 받은 수용자는 그 통지를 받은 날부터 **7일 이내**에 현금 또는 수입인지로 법무
      부장관, 지방교정청장 또는 소장에게 **납부하여야 한다**.

18   비용을 납부하지 아니한 사실이 **2회 이상 있는 수용자**가 정보공개청구를 한 경우에 **법무부장관,**
      지방교정청장 또는 소장은 그 수용자에게 정보의 공개 및 우송 등에 들 것으로 예상되는 비용을
      미리 납부하게 할 수 있다.

19   **법무부장관**은 **매년 1회 이상** 교정시설의 운영 실태를 순회점검하거나, **소속 공무원**으로 하여금
      순회점검하게 **하여야 한다.**

수형자의 처우

01 분류와 처우

01 원칙적으로 경비처우급을 **하향 조정**하기 위하여 고려할 수 있는 평정소득점수의 기준은 **5점** 이하이다.

02 재심사에 따라 경비처우급을 조정할 필요가 있는 경우에는 원칙적으로 **한 단계**의 범위에서 조정할 수 있고, 예외적으로 **두 단계**까지 조정할 수 있다.

03 소장은 수형자의 경비처우급을 조정한 경우에는 **지체 없이** 해당 수형자에게 그 사항을 알려야 한다.

04 소장은 수형자를 처우등급별 수용하는 경우 개별처우의 효과를 증진하기 위하여 **경비처우급·개별처우급**이 **같은** 수형자 **집단**으로 수용하여 처우할 수 있다.

05 소장은 **형집행정지 중에 있는 사람**이 기간만료 또는 그 밖의 정지사유가 없어져 **재수용된** 경우에는 **석방 당시와 동일한** 처우등급을 **부여할 수 있다.**

06 소장은 해당 교정시설의 특성 등을 고려하여 필요한 경우에는 **다른 교정시설로부터 이송되어 온** 수형자의 **개별처우계획을 변경할 수 있다.**

07 소장은 수형자가 가석방의 취소로 재수용되어 남은 형기가 집행되는 경우에는 석방 당시보다 **한 단계 낮은 처우등급**(경비처우급에만 해당한다)을 부여하는 것을 원칙으로 한다.

08 소장은 형집행정지 중이거나 가석방기간 중에 있는 사람이 형사사건으로 **재수용**되어 형이 확정된 경우에는 개별처우계획을 **새로 수립하여야 한다.**

09 징역형·금고형이 확정된 사람으로서 집행할 형기가 형집행지휘서 접수일부터 **3개월 미만인 사람** 또는 **구류형이 확정된 사람**에 대해서는 **분류심사를 하지 아니한다.**

10 **2개 이상**의 징역형 또는 금고형을 집행하는 수형자의 정기재심사 시기를 산정하는 경우에는 그 형기를 **합산한다.** 다만, 합산한 형기가 **20년을 초과**하는 경우에는 그 형기를 **20년으로 본다.**

11 **부정기재심사**는 다음의 어느 하나에 해당하는 경우에 할 수 있다.
　① 분류심사에 **오류**가 있음이 발견된 때
　② 수형자가 교정사고(교정시설에서 발생하는 화재, 수용자의 자살·도주·폭행·소란, 그 밖에 사람의 생명·신체를 해하거나 교정시설의 안전과 질서를 위태롭게 하는 사고를 말한다)의 예방에 뚜렷한 **공로**가 있는 때
　③ 수형자를 **징벌**하기로 의결한 때
　④ 수형자가 집행유예의 실효 또는 추가사건(현재 수용의 근거가 된 사건 외의 형사사건을 말한다)으로 **금고**이상의 형이 확정된 때
　⑤ 수형자가 「숙련기술장려법」 제20조 제2항에 따른 전국**기능**경기대회 입상, **기사** 이상의 자격 취득, **학사** 이상의 학위를 취득한 때
　⑥ 그 밖에 수형자의 수용 또는 처우의 **조정**이 필요한 때

12 **분류심사 사유**
　① 교정시설의 장은 분류심사를 위하여 수형자를 대상으로 **상담** 등을 통한 신상에 관한 개별사안의 조사, 심리·지능·적성 검사, 그 밖에 필요한 검사를 할 수 있다.
　② 개별처우계획을 조정할 것인지를 결정하기 위한 분류심사는 **정기재심사, 부정기재심사**로 구분된다.
　③ **경비처우급의 조정**을 위한 평정소득점수 기준은 수용 및 처우를 위하여 필요한 경우 **법무부장관이 달리 정할 수 있다.**
　④ 교정시설의 장은 수형자가 **부상이나 질병**, 그 밖의 부득이한 사유로 작업 또는 교육을 받지 못한 경우에는 **3점** 이내의 범위에서 작업 또는 교육 성적을 부여할 수 있다.
　⑤ 조정된 처우등급에 따른 처우는 그 조정이 **확정된 다음 날부터 한다.** 이 경우 조정된 처우등급은 **조정이 확정된 그 달 초일부터 적용된 것으로 본다.**

13 신입심사는 **매월 초일부터 말일까지** 형집행지휘서가 접수된 수형자를 대상으로 하며, 그 다음 달까지 완료하여야 한다. 다만, 특별한 사유가 있는 경우에는 그 기간을 **연장할 수 있다.**

14 무기형과 20년을 초과하는 징역형·금고형의 재심사 시기를 산정하는 경우에는 그 형기를 **20년**으로 본다.

15 부정기형의 재심사 시기는 **단기형**을 기준으로 한다.

02 교도작업과 직업훈련

01 소장은 민간기업과 처음 교도작업에 대한 계약을 할 때에는 **법무부장관**의 승인을 받아야 한다. 다만, 계약기간이 **2개월 이하**인 경우에는 승인을 요하지 아니한다.

02 교도작업의 종류는 **직영작업 · 위탁작업 · 노무작업 · 도급작업**으로 구분한다.

03 **직영(관사)작업**은 교도소가 국가예산으로 일체의 시설 · 기계 · 기구 · 재료 · 노무 및 경비 등을 부담하여 생산 · 판매하는 **직접 경영방식**으로 **교도작업관용주의**에 가장 적합한 제도이다.

04 **위탁(단가)작업**은 **외부 민간기업체 또는 개인위탁자**로부터 작업에 사용할 주요 재료, 즉 시설 · 기계 · 기구 및 재료의 **전부 또는 일부**를 제공받아 취업자로 하여금 물건 및 자재를 **가공 · 생산하거나 수선하여 위탁자에게 교부**하고, 그 대가를 받는 작업방식이다.

05 **노무(수부 · 임대)작업**은 교도소는 **노무만을 제공**하고 계약자는 원료구입, 기계 · 기구의 설비 등 일체를 부담하면서 수형자에 대하여 완전한 통제력을 행사할 수 있기 때문에 **사인의 관여가 가장 많다**.

06 **도급작업**은 교도소와 **사인 간의 계약**에 의하여 어느 공사를 완성할 것을 **약정**하고 교도소가 전담하여 관리 · 감독하는 방식으로 그 공사의 결과에 따라 **약정금액을 지급받는 작업**이다.

07 소장은 교도작업을 중지하려면 **지방교정청장의 승인**을 받아야 한다.

08 특별회계의 세입 · 세출의 원인이 되는 계약을 담당하는 계약담당자는 계약을 **수의계약**으로 하려면 「교도관직무규칙」 제21조에 따른 **교도관회의의 심의**를 거쳐야 한다.

09 **작업장려금**은 **석방**할 때에 **본인에게 지급한다**. 다만, 본인의 가족생활 부조 또는 교화상 특히 필요하다고 인정할 때에는 **석방 전이라도** 그 **일부 또는 전부를 지급할 수 있다**.

10 소장은 수형자의 가족 또는 배우자의 직계존속이 **사망**하면 **2일간**, 부모 또는 배우자의 **제삿날**에는 **1일간** 해당 수형자의 **작업을 면제**한다. 수형자가 작업을 **계속하기를 원하는 경우**에는 예외로 한다.

11 **공휴일 · 토요일과 대통령령으로 정하는 휴일**에는 작업을 **부과하지 아니한다**.

12 소장은 교도관에게 **매일** 수형자의 작업실적을 확인하게 하여야 한다.

13 소장은 수형자에게 작업을 부과하는 경우 **작업의 종류 및 작업과정**을 정하여 수형자에게 **고지하여야 한다.**

14 작업과정은 작업성적, 작업시간, 작업의 난이도 및 숙련도를 고려하여 정하며, 작업과정을 정하기 어려운 경우에는 **작업시간**을 작업과정으로 본다.

15 직업훈련의 직종 선정 및 훈련과정별 인원은 **법무부 장관**의 승인을 받아 **교정시설의 장**이 정한다.

16 교정시설의 장은 **소년수형자의 선도**를 위하여 필요한 경우에는 직업훈련에 필요한 기본소양을 갖추었다고 **인정할 수 없더라도** 직업훈련 대상자로 **선정하여 교육할 수 있다.**

17 교정시설의 장은 **15세 미만**의 수형자를 직업훈련 대상자로 선정해서는 **아니 된다.**

18 교정시설의 장은 직업훈련 대상자가 징벌대상행위의 혐의가 있어 조사를 받게 된 경우 직업훈련을 **보류할 수 있다.**

19 교정시설의 장은 수형자에게 **부상·질병, 그 밖에 작업을 계속하기 어려운 특별한 사정**이 있으면 그 사유가 해소될 때까지 **작업을 면제할 수 있다.**

20 교정시설의 장은 수형자가 **개방처우급 또는 완화경비처우급**으로서 작업기술이 탁월하고 작업성적이 우수한 경우에는 수형자 자신을 위한 **개인작업**을 하게 **할 수 있다.**

21 교정시설의 장은 **법무부장관**의 승인을 받아 수형자에게 부과하는 **작업의 종류**를 정한다.

22 소장은 수형자가 직업훈련 대상자 선정 요건을 갖춘 경우에도, **교육과정을 수행할 문자해독능력 및 강의 이해능력이 부족한 경우** 직업훈련 대상자로 선정하여서는 **아니 된다.**

23 소장은 소년수형자의 선도를 위하여 필요한 경우에는, 직업훈련 대상자 선정 요건을 갖추지 못한 **15세 미만의 수형자**를 직업훈련 대상자로 선정해서는 **아니 된다.**

24 소장은 훈련취소 등 특별한 사유가 있는 경우를 **제외**하고는 직업훈련 중인 수형자를 다른 교정시설로 **이송해서는 아니 된다.**

25 소장은 금고형 또는 구류형의 집행 중에 있는 사람에 대하여 **신청에 따라** 작업을 부과할 수 있다.

26 소장은 직업훈련 대상자가 심신이 허약하거나 질병 등으로 훈련을 **감당할 수 없는 경우에는 직업훈련을 보류**할 수 있다.

27 직업훈련 직종 선정 및 훈련과정별 인원은 **법무부장관의 승인**을 받아 **소장이 정한다.**

28 직업훈련 대상자는 소속기관의 수형자 중에서 **소장**이 선정하되, 집체직업훈련 대상자는 집체직업훈련을 실시하는 교정시설의 **관할 지방교정청장**이 선정한다.

29 외부기업체에 통근하며 작업하는 수형자의 선정기준에는 **18세 이상 65세 미만**인 자라야 한다는 연령상의 제한이 있다.

30 소장은 외부통근자가 법령에 위반되는 행위를 하거나 법무부장관 또는 소장이 정하는 지켜야 할 사항을 위반한 경우에는 외부통근자 선정을 **취소할 수 있다.**

31 소장은 외부통근자의 사회적응능력을 기르고 원활한 사회복귀를 촉진하기 위하여 필요하다고 인정하는 경우에는 수형자 자치에 의한 활동을 **허가할 수 있다.**

32 교정시설 **안에** 설치된 외부기업체의 작업장에 통근하며 작업하는 수형자에는 **일반경비처우급**에 해당하는 수형자도 포함될 수 있다.

33 소장은 외부통근자로 선정된 수형자에 대하여는 **자치활동 · 행동수칙 · 안전수칙 · 작업기술 및 현장적응훈련**에 대한 교육을 하여야 한다.

34 소장은 미결수용자에 대하여는 신청에 따라 작업을 부과할 수 있으나, 교정시설 **밖에서** 행하는 것은 포함하지 아니한다.

35 소장은 사형확정자의 심리적 안정 및 원만한 수용생활을 위하여 신청에 따라 작업을 부과할 수 있으며, 작업을 신청하면 **교도관회의의 심의**를 거쳐 교정시설 안에서 실시히는 작업을 **부과할 수 있다.**

36 소장은 수형자에게 작업을 부과하려면 **형기, 성격, 나이, 경력, 취미, 건강상태, 기술, 장래생계** 등 그 밖의 수형자의 개인적 특성을 고려하여야 한다.

37 소장은 **법무부장관**이 정하는 바에 따라 작업의 종류, 작업성적, 교정성적, 그 밖의 사정을 고려하여 수형자에게 **작업장려금을 지급할 수 있다.**

38 소장은 신청에 따라 작업이 부과된 수형자가 **작업의 취소를 요청**하는 경우에는 그 **수형자의 의사, 건강 및 교도관의 의견** 등을 고려하여 **작업을 취소할 수 있다.**

39 외부통근자 선정기준

외부기업체에 통근하며 작업하는 수형자 (외부통근작업자)	교정시설 안에 설치된 외부기업체의 작업장에 통근하며 작업하는 수형자(개방지역작업자)
① 18세 이상 65세 미만일 것 ② 해당 작업 수행에 건강상 장애가 없을 것 ③ 개방처우급·완화경비처우급에 해당할 것 ④ 가족·친지 또는 교정위원 등과 접견·편지수수·전화통화 등으로 연락하고 있을 것 ⑤ 집행할 형기가 7년 미만이고 가석방이 제한되지 아니할 것	① 18세 이상 65세 미만일 것 ② 해당 작업 수행에 건강상 장애가 없을 것 ③ 개방처우급·완화경비처우급·일반경비처우급에 해당할 것 ④ 가족·친지 또는 교정위원 등과 접견·서신수수·전화통화 등으로 연락하고 있을 것 ⑤ 집행할 형기가 10년 미만이거나 형기기산일부터 10년 이상이 지난 수형자

소장은 작업 부과 또는 교화를 위하여 특히 필요하다고 인정하는 경우에는 위의 **수형자 외의 수형자**에 대하여도 외부통근자로 **선정할 수 있다.**

40 법무부장관은 교도작업으로 생산되는 제품의 종류와 수량을 **회계연도 개시 1개월 전까지 공고**하여야 한다.

41 교정시설의 장은 민간기업이 참여할 교도작업(민간참여작업)의 내용을 해당 기업체와의 계약으로 정하고 이에 대하여 **법무부장관의 승인(재계약의 경우에는 지방교정청장의 승인)**을 받아야 한다. 다만, 법무부장관이 정하는 **단기**의 계약에 대하여는 그러하지 **아니하다.**

42 법무부장관이 정하는 **단기**의 계약이란 계약기간이 **2개월 이하**인 계약을 말한다.

43 계약담당자는 계약을 **수의계약**으로 하려면 **교도관회의의 심의**를 거쳐야 한다.

44 교도작업으로 생산된 제품은 민간기업 등에 **직접** 판매하거나 **위탁**하여 판매할 수 있다.

45 교도작업의 효율적인 운영을 위하여 **교도작업특별회계(특별회계)**를 설치한다.

46 특별회계는 지출할 자금이 부족할 경우에는 특별회계의 부담으로 국회의 의결을 받은 금액의 범위에서 일시적으로 **차입**하거나 세출예산의 범위에서 수입금 출납공무원 등이 수납한 **현금**을 우선 **사용할 수 있다.**

47 **특별회계**는 세입총액이 세출총액에 미달된 경우 또는 시설 개량이나 확장에 필요한 경우에는 예산의 범위에서 일반회계로부터 전입을 받을 수 있다. 일반회계로부터의 전입금은 특별회계의 세입(歲入)에 **포함된다.**

Chapter 02

🔨 개정법령

48 **위로금·조위금**(법 제74조)

① 소장은 수형자가 작업 또는 직업훈련으로 인한 부상 또는 질병으로 신체에 장해가 발생한 때에는 법무부장관이 정하는 바에 따라 **위로금**을 지급한다.

② 소장은 수형자가 작업 또는 직업훈련 중에 사망하거나 그로 인하여 사망한 때에는 법무부장관이 정하는 바에 따라 **조위금**을 지급한다.

③ 위로금은 **본인에게 지급하고**, 조위금은 **그 상속인에게 지급한다**.

49 **작업시간 등**(법 제71조)

① 1일의 작업시간(휴식·운동·식사·접견 등 실제 작업을 실시하지 않는 시간을 제외한다)은 **8시간을 초과할 수 없다**(제1항).

② ①에도 불구하고 취사·청소·간병 등 교정시설의 운영과 관리에 필요한 작업의 1일 작업시간은 **12시간 이내**로 한다(제2항).

③ **1주의 작업시간은 52시간을 초과할 수 없다. 다만**, 수형자가 신청하는 경우에는 1주의 작업시간을 **8시간 이내의 범위에서 연장할 수 있다**(제3항).

④ ② 및 ③에도 불구하고 **19세 미만 수형자**의 작업시간은 **1일에 8시간을, 1주에 40시간을 초과할 수 없다**(제4항).

⑤ **공휴일·토요일과 대통령령으로 정하는 휴일에는 작업을 부과하지 아니한다.** 다만, 다음의 어느 하나에 해당하는 경우에는 **작업을 부과할 수 있다**(제5항).

> 1. **취사·청소·간병** 등 교정시설의 운영과 관리에 필요한 작업을 하는 경우
> 2. **작업장**의 운영을 위하여 불가피한 경우
> 3. 공공의 **안전**이나 공공의 **이익**을 위하여 긴급히 필요한 경우
> 4. **수형자가 신청**하는 경우

⑥ 그 밖의 휴일이란 「각종 기념일 등에 관한 규정」에 따른 교정의 날 및 소장이 특히 지정하는 날을 말한다(시행령 제96조).

03 교육 교화프로그램

교정교육

01 소장은 교육을 위해 필요하면, 수형자를 **외부의 교육기관**에 통학하게 하거나 위탁하여 교육받게 할 수 있으나, 교육 대상자의 작업 및 직업훈련 등은 **면제한다.**

02 의무교육을 받지 못한 수형자에 대하여는 본인의 의사·나이·지식정도 등을 고려하여 그에 알맞게 교육하여야 하며, 필요하면 **외부교육기관에 통학**하게 할 수 있다.

03 교정시설의 장은 교육을 위하여 필요한 경우에는 외부강사를 초빙할 수 있으며, 카세트 또는 재생전용기기의 사용을 **허용할 수 있다.**

04 소장은 「교육기본법」 제8조의 의무교육을 받지 못한 수형자의 교육을 위하여 필요하면 수형자를 **중간처우를 위한 전담교정시설**에 수용하여 외부 교육기관에의 통학, 외부 교육기관에서의 **위탁**교육을 받도록 할 수 있다.

05 소장은 수형자의 **교정교화**를 위하여 상담·심리치료, 그 밖의 교화프로그램을 실시하여야 하며, 수형자의 정서 함양을 위하여 필요하다고 인정하면 연극·영화관람, 체육행사, 그 밖의 문화예술활동을 하게 할 수 있다.

06 소장은 특별한 사유가 없으면 교육기간 동안에는 교육대상자를 다른 기관으로 **이송할 수 없다.**

07 교육과정

경비처우급 규정을 적용받지 않는 교육과정(모든 수형자)	개방처우급, 완화·일반경비처우급 수형자 대상 교육과정
검정고시반 방송통신고등학교 독학에 의한 학위 취득과정 정보화 교육과정	방송통신대학 전문대학 위탁교육과정 외국어 교육과정

교정상담과 교화프로그램

08 **사회요법 중 환경요법(mileu therapy)**은 교정시설의 환경을 통제하고 조절하여 재소자들의 **행동의 변화**를 추구한다.

09 **물리요법(physical therapy)**은 각종 상담치료나 상담에 잘 반응하지 않고 별 효과가 없는 재소자에게 이용 가능한 강제적 기법으로, 진정제 투약과 같은 **약물요법** 등이 있다.

10 **현실요법(reality therapy)**은 기본 원리를 쉽게 터득할 수 있다는 점에서 **고도로 훈련된 전문가가 아니어도** 사용할 수 있다.

11 **행동수정(behavior modifcation)**은 미래 지향적이며, **긍정적 강화와 부정적 강화**를 통한 행위의 변화를 시도한다.

12 사회요법 중 환경요법(mileu therapy)의 대표적 프로그램인 '**요법처우공동체**'는 교도소 전체 생활단위에서 이루어지며, **개인적인 의사결정기회**를 많이 제공할 수 있다.

13 **사회적 요법**은 범죄를 범죄자 개인적 인격과 주변 환경의 복합적 상호작용의 산물로 인식하고 **교도소 내의 친사회적인** 환경개발을 시도하는 처우기법이다. 심리적 또는 행동수정요법의 약점을 보완하기 위해서 시도된 것으로 건전한 사회적 지원유형의 개발에 노력한다.

14 교화프로그램의 종류에는 **문화프로그램, 문제행동예방프로그램, 가족관계회복프로그램, 교화상담, 그 밖에 법무부장관이 정하는 교화프로그램**이 있다

01 수용관리

01 **신입자**는 환자이거나 부득이한 사유가 있는 경우가 아니면 수용된 날로부터 **3일** 동안 신입자거실에 수용하여야 한다.

02 소장은 19세 미만의 신입자 그 밖에 필요하다고 인정하는 수용자에 대하여는 신입자거실수용기간을 **30일**까지 연장할 수 있다.

03 소장은 신입자 또는 다른 교정시설로부터 이송되어 온 사람이 있으면 그 사실을 수용자의 **가족**(배우자, 직계 존속·비속 또는 형제자매를 말함)에게 **지체 없이 알려야 한다.** 다만, 수용자가 알리는 것을 원하지 아니하면 그러하지 아니하다.

04 소장은 수용자가 도주 등을 하거나 도주자를 체포한 경우에는 **법무부장관**에게 **지체 없이** 보고하여야 한다.

05 교도관은 도주한 수용자 체포를 위하여 긴급히 필요하면 도주 등을 하였다고 의심할 만한 상당한 이유가 있는 사람 또는 도주 등을 한 사람의 이동경로나 소재를 안다고 인정되는 **사람을 정지시켜 질문할 수 있다.**

06 교도관은 수용자가 도주한 경우에는 도주 후 **72시간** 이내에 **체포**할 수 있다.

07 교도관은 체포를 위하여 긴급히 필요하면 도주 등을 하였다고 의심할 만한 상당한 이유가 있는 사람 또는 도주 등을 한 사람의 이동경로나 소재를 안다고 인정되는 사람을 **정지시켜 질문할 수 있다.**

08 교도관은 체포를 위하여 **영업시간 내**에 공연장·여관·음식점·역 그 밖에 다수인이 출입하는 장소의 관리자 또는 관계인에게 그 장소의 출입이나 그 밖에 특히 필요한 사항에 관하여 **협조를 요구할 수 있다.**

09 교도관은 필요한 장소에 출입을 할 경우에는 그 신분을 표시하는 **증표**를 제시해야 하면서 그 장소의 관리자 또는 관계인의 **정당한 업무**에 **방해하지 않아야 한다.**

10 **법무부장관**은 도주한 수용자를 체포하거나 행정기관 또는 수사기관에 정보를 제공하여 체포하게 한 사람에게 예산의 범위에서 포상금을 지급**할 수 있다.**

11 소장은 사형확정자의 자살, 도주 등의 사고를 방지하기 위하여 필요한 경우에는 **사형확정자와 미결수용자를 혼거수용할 수 있고**, 사형확정자의 교육, 교화프로그램, 작업 등의 적절한 처우를 위하여 필요한 경우에는 **사형확정자와 수형자를 혼거수용**할 수 있다.

12 **취사 등의 작업**을 위하여 필요하거나 그 밖에 특별한 사정이 있으면 **구치소에 수형자**를 수용할 수 있다.

13 수형자가 소년교도소에 수용 중에 **19세가 된 경우**에도 교육·교화프로그램 작업, 직업훈련 등을 실시하기 위하여 특히 필요하다고 인정되면 **23세가 되기 전까지 계속하여 수용할 수 있다.**

14 소장은 신입자에 대하여는 지체 없이 신체·의류 및 휴대품을 검사하고 건강진단을 하여야 한다. 신입자의 건강진단은 휴무일이 연속되는 등 부득이한 사정이 있는 경우가 아닌 한 **수용된 날부터 3일 이내**에 하여야 한다.

15 소장은 다른 사람의 건강에 위해를 끼칠 우려가 있는 **감염병에 걸린 사람**의 수용을 거절할 수 있으며, **수용을 거절하였으면** 그 사유를 지체 없이 **수용지휘기관과 관할 보건소장에게 통보**하고 **법무부장관에게 보고**하여야 한다.

16 수형자의 교화 또는 건전한 사회복귀를 위하여 필요한 때에는 **혼거수용**을 할 수 있다.

17 혼거 수용 사유
① 수형자의 **교화 또는 건전한 사회복귀**를 위하여 필요한 때
② 수용자의 **생명 또는 신체의 보호, 정서적 안정**을 위하여 필요한 때
③ **독거실 부족** 등 시설여건이 충분하지 아니한 때

18 **처우상 독거수용**의 경우에는 **주간**에는 교육·작업 등의 처우를 하여 일과에 따른 **공동생활**을 하게 하고, **휴업일과 야간**에만 **독거수용**을 한다.

19 **계호상 독거수용**의 경우에는 사람의 생명·신체의 보호 또는 교정시설의 안전과 질서유지를 위하여 **항상 독거수용**하고 다른 수용자와의 **접촉을 금지**한다. 다만, **수사·재판·실외운동·목욕·접견·진료** 등을 위하여 필요한 경우에는 **그러하지 아니하다.**

20 **교도관**은 **계호상** 독거수용자를 **수시로** 시찰하여 **건강상 또는 교화상** 이상이 없는지 살펴야 한다.

21 소장은 수용자를 다른 교정시설에 이송하는 경우에 **의무관**으로부터 수용자가 건강상 감당하기 어렵다는 보고를 받으면, **이송을 중지**하고 그 사실을 **이송받을 소장에게 알려야 한다.**

22 **지방교정청장**은 수용자를 **관할 내 다른 교정시설로 이송**하려는 경우 이에 대한 **승인 권한**을 가지고 있다.

23 수용자가 **이송 중**에 징벌대상 행위를 **하거나** 다른 교정시설에서 징벌대상 행위를 한 사실이 **이송된 후에 발각된 경우**에는 그 수용자를 **인수한 소장이 징벌을 부과한다.**

24 수용자를 이송하는 경우에는 **수형자는 미결수용자**와, **여성수용자는 남성수용자**와, **19세 미만의 수용자는 19세 이상의 수용자**와 각각 **호송 차량의 좌석을 분리**하는 등의 방법으로 서로 접촉하지 못하게 하여야 한다.

25 **[신입자에 대한 고지사항]**
　① 형기의 **기산일 및 종료일**
　② 접견·편지, 그 밖의 수용자의 **권리**에 관한 사항
　③ 청원, 「국가인권위원회법」에 따른 진정, 그 밖의 **권리구제**에 관한 사항
　④ 징벌·규율, 그 밖의 수용자의 **의무**에 관한 사항
　⑤ 일과 그 밖의 수용생활에 필요한 **기본적인** 사항

26 지방교정청장은 수용시설의 공사 등으로 수용거실이 일시적으로 부족한 때에는 **관할 내** 교정시설로 수용자의 이송을 승인할 수 있다.

27 소장은 수용자의 정신질환 치료를 위하여 필요하다고 인정하면 법무부장관의 승인을 받아 **치료감호시설로 이송할 수 있다.**

28 소장은 수용자의 수용·작업·교화·의료, 그 밖의 처우를 취하여 필요하거나 시설의 안전과 질서유지를 위하여 필요하다고 인정하면 **법무부장관**의 승인을 받아 수용자를 **다른** 교정시설로 **이송할 수 있다.**

02 안전과 질서

01 **시찰**은 수용자에게 객관적으로 나타나는 **동정을 파악**하는 계호행위이다.

02 **명령**은 수용자에게 일정한 **작위나 부작위**를 강제적으로 요구하는 것이다.

03 **검사**는 **교정사고를 미연**에 방지하기 위하여 인적·물적으로 나타난 위해상태를 사전에 조사하는 것이다.

04 **정돈**은 수용자의 무질서한 **습벽 교정**에 유용하다.

05 **배제**는 위험의 개연성이 있는 경우 **사전에 예방하는 조치**로 교정시설의 안전을 유지한다.

06 **강제**는 법규 또는 교도관의 정당한 명령에 수용자가 상당한 이유 없이 그 **의무를 불이행할 경우** 그 이행이 있는 것과 동일한 상태를 실현시키기 위한 계호작용을 말한다.

07 **소장**은 수용자의 신체·의류·휴대품·거실 및 작업장 등을 검사한 결과 금지물품이 발견되면 형사 법령으로 정하는 절차에 따라 처리할 물품을 제외하고는 수용자에게 **알린 후 폐기**한다. 다만, 폐기하는 것이 부적당한 물품은 교정시설에 보관하거나 수용자로 하여금 **자신이 지정하는 사람**에게 보내게 **할 수 있다.**

08 **소장**은 교도관에게 수용자의 거실, 작업장, 그 밖에 수용자가 생활하는 장소를 **정기적**으로 검사하게 하여야 한다. 다만, 금지물품을 숨기고 있다고 의심되는 수용자와 마약류사범·조직폭력사범 등 법무부령으로 정하는 수용자의 거실 등은 **수시**로 검사하게 할 수 있다.

09 **소장**은 교도관에게 작업장이나 실외에서 수용자 거실로 돌아오는 수용자의 신체·의류 및 휴대품을 검사하게 **하여야 한다.** 다만, 교정성적 등을 고려하여 그 검사가 필요하지 아니하다고 인정되는 경우에는 **예외로 할 수 있다.**

03 교정 장비와 강제력 행사

01 소장은 수용자가 **자살 또는 자해**의 우려가 있는 때 또는 신체적·정신적 질병으로 인하여 특별한 보호가 필요한 때에는 **의무관의 의견**을 고려하여 **보호실**에 수용할 수 있다.

02 수용자의 **보호실** 수용기간은 **15일** 이내로 한다. 다만, 소장은 특히 계속하여 수용할 필요가 있으면 의무관의 의견을 고려하여 **1회당 7일**의 범위에서 기간을 **연장**할 수 있다.

03 **보호실 수용**은 계속해서 **최초 수용기간을 포함**하여 **3개월을 초과할 수 없다.**

04 소장은 수용자를 보호실에 수용하거나 수용기간을 **연장**하는 경우에는 그 사유를 **본인**에게 **알려주어야 한다.**

05 **의무관**은 보호실 수용자의 건강상태를 **수시**로 확인하여야 한다.

06 소장은 수용자가 교정시설의 설비 또는 기구 등을 손괴하거나 **손괴**하려고 하는 때 또는 교도관의 제지에도 불구하고 **소란행위**를 계속하여 다른 수용자의 평온한 수용생활을 방해하는 때의 어느 하나에 해당하는 경우로서, 강제력을 행사하거나 제98조의 보호장비를 사용하여도 그 목적을 달성할 수 없는 경우에만 **진정실**에 수용할 수 있다.

07 수용자의 **진정실** 수용기간은 **24시간** 이내로 한다. 다만, 소장은 특히 계속하여 수용할 필요가 있으면 **의무관**의 의견을 고려하여 연장할 수 있으며 기간 연장은 **12시간** 이내로 하되 최초 수용기간을 포함하여 계속하여 **3일**을 **초과할 수 없다.**

08 **의무관**은 진정실 수용자의 건강상태를 **수시**로 **확인**하여야 하며, **소장**은 진정실 수용사유가 **소멸한 경우**에는 진정실 수용을 **즉시 중단**하여야 한다.

09 교도관이 **징벌의 수단**으로 **보호장비**를 사용되어서는 **아니 된다. 필요한 최소한의 범위**에서 사용하여야 하며, 그 사유가 없어지면 사용을 **지체 없이** 중단하여야 한다.

10 교도관이 **교정시설의 안**에서 수용자에 대하여 **보호장비를 사용한 경우 의무관**은 그 수용자의 **건강상태**를 **수시로 확인**하여야 한다.

11 교도관은 **수용자가 위력**으로 교도관의 정당한 **직무집행을 방해**하는 때에 **강제력**을 행사할 수 있다.

12 교도관은 **수용자 이외의 사람**이 교도관 또는 수용자에게 **위해**를 끼치거나 끼치려고 하는 때에 **강제력을 행사**할 수 있다.

13 강제력 행사 요건

수용자에 행사	수용자 外에 행사
1. 도주하거나 **도주하려고 하는 때** 2. **자살**하려고 하는 때 3. **자해**하거나 자해하려고 하는 때 4. 다른 사람에게 **위해**를 끼치거나 끼치려고 하는 때 5. 위력으로 교도관의 정당한 **직무집행**을 방해하는 때 6. 교정시설의 설비·기구 등을 **손괴**하거나 손괴하려고 하는 때 7. 그 밖에 시설의 안전 또는 질서를 크게 해치는 행위를 하거나 하려고 하는 때	1. 수용자를 **도주하게 하려고 하는 때** 2. 교도관 또는 수용자에게 **위해**를 끼치거나 끼치려고 하는 때 3. 위력으로 교도관의 정당한 **직무집행**을 방해하는 때 4. 교정시설의 설비·기구 등을 **손괴**하거나 하려고 하는 때 5. 교정시설에 **침입**하거나 하려고 하는 때 6. 교정시설의 안(교도관이 교정시설의 **밖에서** 수용자를 계호하고 있는 경우 그 장소를 포함)에서 교도관의 **퇴거**요구를 받고도 이에 따르지 아니하는 때

14 교도관이 수용자 등에게 **강제력을 행사**하려면 **사전**에 상대방에게 이를 **경고**하여야 한다. 다만, 상황이 **급박**하여 경고할 시간적인 여유가 없는 때에는 **그러하지 아니하다.**

15 교도관은 수용자 등에게 **소장의 명령 없이 강제력을 행사해서는 아니 된다.** 다만, 그 명령을 받을 시간적 여유가 없는 경우에는 **강제력을 행사한 후 소장에게 즉시 보고**하여야 한다.

16 교도관은 교정시설 안에서 자기 또는 타인의 생명·신체를 보호하기 위하여 **급박**하다고 인정되는 상당한 이유가 있으면 **수용자 외의 사람**에 대하여도 **무기**를 사용할 수 있다.

17 무기의 사용은 **필요한 최소한도**에 그쳐야 하며, **최후의 수단**이어야 한다.

18 무기 사용 요건

수용자에 행사	수용자 外에 행사
1. 수용자가 다른 사람에게 중대한 위해를 끼치거나 끼치려고 하여 그 사태가 **위급**한 때 2. 수용자가 폭행 또는 협박에 사용할 **위험물**을 지니고 있어 교도관이 버릴 것을 명령하였음에도 이에 따르지 아니하는 때 3. 수용자가 폭동을 일으키거나 일으키려고 하여 신속하게 **제지**하지 아니하면 그 확산을 방지하기 어렵다고 인정되는 때 4. 도주하는 수용자에게 교도관이 정지할 것을 명령하였음에도 계속하여 **도주**하는 때 5. 수용자가 교도관의 무기를 탈취하거나 **탈취**하려고 하는 때 6. 그 밖에 사람의 생명·신체 및 설비에 대한 중대하고도 **뚜렷한 위험**을 방지하기 위하여 무기의 사용을 피할 수 없는 때	교도관은 **교정시설의 안**(교도관이 교정시설의 **밖**에서 수용자를 계호하고 있는 경우 그 장소를 포함)에서 1. 자기 또는 타인의 **생명·신체**를 보호하기 위하여 급박하다고 인정되는 상당한 이유가 있는 때 2. 수용자의 **탈취**를 저지하기 위하여 급박하다고 인정되는 상당한 이유가 있는 때 3. 건물 또는 그 밖의 시설과 무기에 대한 **위험을 방지**하기 위하여 급박하다고 인정되는 상당한 이유가 있는 때 ⇩ **수용자 외의 사람에 대하여도 무기를 사용할 수 있다.**

Chapter 03

19　교도관은 자살·자해·도주·폭행·손괴, 그 밖에 수용자의 생명·신체를 해하거나 시설의 안전 또는 질서를 해하는 행위(이하 "자살 등"이라 한다)를 방지하기 위하여 **필요한 범위**에서 **전자장비**를 이용하여 수용자 또는 시설을 계호할 수 있다. 다만, **전자영상장비**로 거실에 있는 **수용자를 계호**하는 것은 **자살 등의 우려가 큰 때**에만 할 수 있다.

20　**교도관**은 수용자가 위력으로 교도관의 **정당한 직무집행**을 방해하는 때에는 **수갑·포승**을 사용할 수 있다.

21　교도관은 수용자가 **자살, 자해하려고 하는 때** 가스총이나 가스분사기와 같은 **보안장비**로 **강제력을 행사할 수 있다.**

22　**보호의자**는 그 사용을 일시 중지하거나 완화하는 경우를 포함하여 **8시간**을 초과하여 사용할 수 없으며, **사용 중지 후 4시간이 경과하지 아니하면** 다시 사용할 수 **없다.**

23　**소장**은 전자장비의 효율적인 운용을 위하여 각종 전자장비를 통합적으로 관리할 수 있는 시스템이 설치된 **중앙통제실**을 설치하여 운영한다.

24　**전자감지기**는 교정시설의 주벽·울타리, 그 밖에 수용자의 도주 및 외부로부터의 침입을 방지하기 위하여 필요한 장소에 설치한다.

25　교도관은 이송·출정, 그 밖에 교정시설 밖의 장소로 수용자를 호송할 때 **수갑 및 포승**을 사용할 수 있다.

04 수용자의 외부교통

편지수수

01 소장은 처우등급이 중(重)경비시설 수용대상인 수형자가 변호인 외의 자에게 편지를 보내려는 경우 법령에 따라 금지된 물품이 들어있는지 확인을 위하여 필요한 경우에는 편지를 **봉함하지 않은** 상태로 제출하게 **할 수 있다.**

02 소장은 「형의 집행 및 수용자의 처우에 관한 법률」에 의하여 **발신 또는 수신이 금지된 편지**는 수용자에게 그 사유를 **알린 후** 보관한다. 다만, 수용자가 동의하면 **폐기**할 수 있다.

03 수용자는 **다른 사람**과 편지를 주고받을 때에는 소장의 **허가를 받지 않아도** 되지만, **같은 교정시설**의 수용자 간에는 **그러하지 아니하다.**

04 소장은 **시설의 안전**을 해칠 우려가 있는 내용이 기재되어 있다고 **의심할 만한** 상당한 이유가 있는 때에는 수용자가 **주고받은** 편지의 내용을 **검열할 수 있다.**

05 **규율위반**으로 조사 중이거나 징벌집행 중인 때에는 **수용자 간 편지의 검열**이 **가능하다.**

06 소장은 편지수수 제한 또는 발신·수신이 금지된 편지는 수용자에게 그 사유를 알린 후 교정시설에 **보관**한다. 다만, 수용자가 동의하면 **폐기**할 수 있다.

전화통화

07 수용자가 허가를 받아 교정시설의 외부에 있는 사람과 **전화통화**를 하는 경우 소장은 허가를 함에 있어서 통화내용의 **청취 또는 녹음**을 조건으로 **붙일 수 있다.**

08 수용자가 외부에 있는 사람과 전화통화를 하는 경우 전화통화 요금은 **수용자의 부담**으로 한다. 다만, 소장은 교정성적이 양호한 수형자 또는 보관금이 없는 수용자에 대하여는 **예산의 범위**에서 요금을 **부담할 수 있다.**

09 전화통화의 통화시간은 특별한 사정이 없으면 **3분** 이내로 하고, 수용자의 전화통화 요금은 **수용자가 부담하는 것을 원칙**으로 한다.

10 소장은 전화통화 허가 후 수용자가 형사법령에 저촉되는 **행위**를 할 우려가 있을 때에는 **전화통화의 허가를 취소할 수 있다.**

11 소장은 사형확정자의 심리적 안정과 원만한 수용생활을 위하여 **월 3회 이내**의 범위에서 **전화통화**를 허가할 수 있다.

12 교도관은 전화통화 중인 수용자가 교정시설의 운영에 관하여 **거짓사실**을 유포하는 때에는 전화통화를 **중지할 수 있다.**

13 수용자의 전화통화는 매일(공휴일 및 법무부장관이 정한 날은 제외한다)「국가공무원 복무규정」제9조에 따른 근무시간 내에서 실시하되, 소장은 평일에 전화를 이용하기 곤란한 특별한 사유가 있는 수용자에 대해서는 전화이용시간을 **따로 정할 수 있다.**

14 소장은 전화통화 불허사유에 해당하지 아니한다고 **명백히 인정되는 경우가 아니면** 통화내용을 **청취**하거나 **녹음**한다.

📋 접견

15 **접견중지 사유**
  ① 범죄의 증거를 인멸하거나 **인멸**하려고 하는 때
  ② **금지물품**을 주고받거나 주고받으려고 하는 때
  ③ 형사법령에 **저촉**되는 행위를 하거나 하려고 하는 때
  ④ 수용자의 처우 또는 교정시설의 운영에 관하여 **거짓 사실**을 유포하는 때
  ⑤ 수형자의 **교화 또는 건전한 사회복귀**를 해칠 우려가 있는 행위를 하거나 하려고 하는 때
  ⑥ 시설의 **안전 또는 질서**를 해하는 행위를 하거나 하려고 하는 때

16 시설의 안전 또는 질서를 해칠 **우려**가 있는 때에는 수용자는 교정시설의 **외부에 있는 사람**과 접견할 수 없다.

17 일반경비처우급 수형자의 접견 허용횟수는 **월 4회**로 하되, **1일 1회만** 허용한다.

18 접견 중인 수용자가 수용자의 처우 또는 교정시설의 운영에 관한 **거짓사실**을 유포하는 때에는 교도관은 접견을 **중지할 수 있다.**

19 수형자의 접견 횟수는 **매월 4회**이지만 **소송사건의 대리인인 변호사와 수형자의 접견**은 여기에 포함되지 아니한다.

20 수용자와 교정시설 외부의 사람이 접견하는 경우에 접견내용이 청취·녹음 또는 녹화될 때에는 **외국어를 사용해서는 아니 된다.** 다만, **국어로 의사소통하기 곤란한** 사정이 있는 경우에는 **외국어를 사용할 수 있다.**

21 소장은 교화 및 처우상 특히 필요한 경우에는 수용자가 다른 교정시설의 수용자와 통신망을 이용하여 **화상**으로 접견하는 것을 **허가할 수 있다.**

22 소장은 수형자가 **19세 미만인 때, 교정성적이 우수한 때, 교화 또는 건전한 사회복귀**를 위하여 특히 필요하다고 인정되는 때의 어느 하나에 해당하는 경우에는 **접견 횟수를 늘릴 수 있다.**

23 교도관은 접견 중인 수용자 또는 그 상대방이 수용자의 처우 또는 교정시설의 운영에 관하여 **거짓사실**을 유포하는 때에는 **접견을 중지할 수 있다.**

24 소장은 소송사건의 수 또는 소송내용의 복잡성 등을 고려하여 소송의 준비를 위하여 특히 필요하다고 인정하면 **접견시간대 外**에도 접견을 **하게 할 수 있고, 접견시간 및 횟수를 늘릴 수 있다.**

25 범죄의 **증거를 인멸**하거나 형사 법령에 **저촉되는 행위**를 할 우려가 있는 때에 해당하면 소장은 **교도관**으로 하여금 수용자의 접견내용을 **청취·기록·녹음 또는 녹화할 수 있다.**

26 수용자가 **소송사건의 대리인인 변호사와 접견**하는 경우로서 교정시설의 안전 또는 질서를 해칠 우려가 없는 경우에는 **접촉차단시설이 설치되지 아니한 장소**에서 접견하게 한다.

27 수용자가 「형사소송법」에 따른 상소권회복 또는 재심 청구사건의 대리인이 되려는 변호사와 접견할 수 있는 횟수는 **사건당 2회**이다.

28 **수용자가 미성년자인 자녀와 접견**하는 경우에는 **접촉차단시설이 설치되지 아니한 장소**에서 접견하게 할 수 있다.

29 수용자가 소송사건의 대리인인 변호사와 접견하는 **경우 등 수용자의 재판청구권 등을 실질적으로 보장하기 위하여 대통령령으로 정하는 경우로서** 교정시설의 안전 또는 질서를 해칠 우려가 없는 경우에는 **접촉차단시설이 설치되지 아니한 장소**에서 접견하게 한다.

🔧 개정법령

30 **제41조(접견)**
    ② 수용자의 접견은 접촉차단시설이 설치된 장소에서 하게 한다. 다만, 다음 각 호의 어느 하나에 해당하는 경우에는 접촉차단시설이 설치되지 아니한 장소에서 접견하게 한다.
    1. 미결수용자(형사사건으로 수사 또는 재판을 받고 있는 수형자와 사형확정자를 포함한다)가 변호인(**변호인이 되려는 사람을 포함한다. 이하 같다**)과 접견하는 경우
    2. 수용자가 소송사건의 대리인인 변호사와 접견하는 **경우 등 수용자의 재판청구권 등을 실질적으로 보장하기 위하여 대통령령으로 정하는 경우로서** 교정시설의 안전 또는 질서를 해칠 우려가 없는 경우

05 수용자의 금품관리

01 소장은 수용자에게 보내온 금품으로서 본인이 **수령을 거부한 경우** 금품을 보낸 사람의 **주소가 불분명한 경우**에는 그 뜻을 공고하여야 하며, **공고한 후 6개월**이 지나도 돌려 달라고 청구하는 사람이 없으면 그 금품은 **국고에 귀속**된다.

02 수용자는 편지·도서, 그 밖에 수용생활에 필요한 물품을 **법무부장관**이 정하는 범위에서 소지할 수 있다.

03 **사망자**가 남긴 금품이 있어 그 **상속인**에게 알렸으나 **고지를 받은 날부터 1년이 지나도 청구가 없으면** 그 금품은 **국고에 귀속**된다.

04 수용자가 석방 시 소장에게 보관품을 보관하여 줄 것을 신청하였으나 **보관기간이 지났음에도 찾아가지 아니한 경우**, 피석방자 본인 또는 가족에게 그 뜻을 알리고 알림을 받은 날부터 **1년이 지나도** 청구가 없으면 그 금품은 **국고에 귀속**된다.

05 소장은 수용자의 휴대금품을 **교정시설**에 보관한다. 다만, 휴대품이 **부패할 우려가 있는 것**이면 수용자로 하여금 **자신이 지정하는 사람에게 보내게 하거나** 그 밖에 적당한 방법으로 **처분하게 할 수 있다.**

06 소장은 신입자의 휴대품을 **팔 경우**에는 그 비용을 제외한 나머지 **대금을 보관할 수 있다.**

07 소장은 수용자의 보관품이 **인장인** 경우에는 **잠금장치**가 되어 있는 **견고한 용기**에 넣어 보관하여야 한다.

08 소장은 전달물품 허가규정에 따라 전달을 허가한 물품은 검사할 필요가 없다고 인정되는 경우가 아니면 **교도관**으로 하여금 **검사**하게 하여야 한다. 그 물품이 **의약품**인 경우에는 **의무관**으로 하여금 검사하게 **하여야 한다.**

09 소장은 수용자에게 금품을 **보낸 사람을 알 수 없거나** 보낸 사람의 **주소가 불분명한 경우**에는 금품을 **다시 가지고 갈 것을 공고**하여야 하며, **공고한 후 6개월**이 지나도 금품을 돌려달라고 청구하는 사람이 없으면 그 금품은 **국고에 귀속**된다.

10 소장은 사망자 또는 도주자가 남겨두고 간 금품이 있으면 **사망자**의 경우에는 그 **상속인**에게, 도주자의 경우에는 **그 가족**에게 **그 내용 및 청구절차 등을 알려주어야 한다.** 다만, 알림을 받은 날부터 **1년이 지나도 청구가 없으면** 그 금품은 **국고에 귀속**된다.

11 소장은 수용자에게 보내온 금품으로서 시설의 안전 또는 질서를 해칠 우려가 있어 **보낸 사람에게 되돌려 보낸 때**에는 그 사실을 **수용자에게 알려주어야 한다.**

12 수용자가 소장의 허가 없이 무인비행장치, 전자·통신기기를 지닌 경우 **2년 이하의 징역 또는 2천만원 이하의 벌금**에 처한다.

13 수용자가 주류·담배·화기·현금·수표를 지닌 경우 **1년 이하의 징역 또는 1천만원 이하의 벌금**에 처한다.

14 소장의 허가 없이 무인비행장치, 전자·통신기기를 교정시설에 반입한 사람은 **3년 이하의 징역 또는 3천만원 이하의 벌금**에 처한다.

15 주류·담배·화기·현금·수표·음란물·사행행위에 사용되는 물품을 수용자에게 전달할 목적으로 교정시설에 반입한 사람은 **1년 이하의 징역 또는 1천만원 이하의 벌금**에 처한다.

16 상습적으로 주류·담배·화기·현금·수표·음란물·사행행위에 사용되는 물품을 수용자에게 전달할 목적으로 죄를 범한 사람은 **2년 이하의 징역 또는 2천만원 이하의 벌금**에 처한다.

06 수용자 물품 지급

01 소장은 작업시간을 **3시간 이상 연장**하는 경우에는 수용자에게 **주 · 부식 또는 대용식** 1회분을 간식으로 **지급할 수 있다.**

02 소장은 수용자의 기호 등을 고려하여 **주식으로 빵이나 국수** 등을 지급할 수 있다.

03 소장은 쌀 수급이 곤란하거나 그 밖에 필요하다고 인정하면 주식을 쌀과 보리 등 잡곡의 혼합곡으로 하거나 **대용식을 지급할 수 있다.**

04 소장은 수용자에게 건강상태, 나이, 부과된 작업의 종류, 그 밖의 개인적 특성을 고려하여 **건강** 및 **체력**을 유지하는 데에 필요한 **음식물을 지급한다.**

07 위생과 의료

01 소장은 작업의 특성상 **실외운동이 필요 없다고 인정**되면 수용자의 실외운동을 **실시하지 않을 수 있다.**

02 소장은 거실·작업장·목욕탕 그 밖에 수용자가 공동으로 사용하는 시설과 취사장, 주·부식 저장고 그 밖에 음식물 공급과 관련된 시설을 **수시로 청소·소독하여야 한다.**

03 소장은 **저수조 등 급수시설**을 **6개월에 1회 이상** 청소·소독하여야 한다.

04 소장은 작업의 특성, 계절 등을 고려하여 수용자의 목욕 횟수를 정하되 부득이한 사정이 없으면 매주 **1회 이상**이 되도록 한다.

05 소장은 수용자가 **감염병에 걸렸다고 의심**되는 경우에는 **1주 이상** 격리수용하고 그 수용자의 **휴대품**을 소독하여야 한다.

06 소장은 감염병이 **유행하는 경우**에는 수용자가 **자비로 구매**하는 음식물의 공급을 **중지할 수 있다.**

07 소장은 수용자가 **감염병에 걸린 경우** 지체 없이 **법무부장관에게 보고**하고 관할 보건기관의 장에게 **알려야 한다.**

08 소장은 **감염병**이나 그 밖에 감염의 우려가 있는 **질병의 발생과 확산을 방지**하기 위하여 필요한 경우 수용자에 대하여 **예방접종·격리수용·이송, 그 밖에 필요한 조치를 하여야 한다.**

09 소장은 수용자가 **부상**을 당하거나 **질병**에 걸리면 **적절한 치료**를 받도록 **하여야 한다.**

10 **소장**은 수용자에 대한 **적절한 치료**를 위하여 필요하다고 **인정하면 교정시설 밖**에 있는 **의료시설**에서 진료를 **받게 할 수 있다.**

11 **소장**은 수용자가 **자신의 비용**으로 **외부의료시설**에서 근무하는 의사에게 **치료받기를 원하면** 교정시설에 근무하는 **의사의** 의견을 고려하여 이를 **허가할 수 있다.**

12 **소장**은 정신질환이 있다고 의심되는 수용자가 있으면 **정신건강의학과** 의사의 진료를 받을 수 있도록 **하여야 한다.**

13 **간호사의 경미한 의료 행위**
　① 외상 등 흔히 볼 수 있는 **상처**의 치료
　② **응급**을 요하는 수용자에 대한 응급처치
　③ 부상과 질병의 **악화**방지를 위한 처치
　④ 환자의 **요양**지도 및 관리
　⑤ **의약품** 투여

14 소장은 수용자가 **자신의 고의 또는 과실로 부상** 등이 발생하여 외부의료시설에서 진료를 받은 경우에는 그 진료비의 **전부 또는 일부**를 그 **수용자에게 부담하게 할 수 있다.**

15 소장은 **19세 미만의 수용자, 계호상 독거수용자 및 노인수용자**에 대하여는 **6개월에 1회 이상** 건강검진을 하여야 한다.

16 소장은 수용자를 외부 의료시설에 **입원**시키거나 입원 중인 수용자를 교정시설로 **데려온 경우**에는 그 사실을 **법무부장관**에게 지체 없이 **보고**하여야 한다.

17 **수용자**는 자신의 신체 및 의류를 청결히 하여야 하며, 자신이 사용하는 거실·작업장, 그 밖의 수용시설의 청결유지에 협력하여야 하며, 위생을 위하여 머리카락과 수염을 단정하게 **유지하여야 한다.**

18 소장은 수용자의 정신질환 치료를 위하여 필요하다고 인정하면 **법무부장관**의 승인을 받아 치료감호시설로 이송할 수 있다

19 소장은 의무관의 관찰·조언 또는 설득에도 불구하고 수용자가 진료 또는 음식물의 섭취를 계속 거부하여 그 생명에 위험을 가져올 급박한 우려가 있으면, 의무관으로 하여금 적당한 **진료 또는 영양보급** 등의 조치를 **하게 할 수 있다.**

08 수용자 상벌제도

01 다른 수용자의 징벌대상행위를 방조(幇助)한 수용자에게는 그 징벌대상행위를 한 수용자에게 부과되는 징벌과 같은 징벌을 부과하되, **2분의 1로 감경할 수 있다.**

02 수용자가 징벌이 집행 중에 있거나 징벌의 집행이 끝난 후 또는 집행이 면제된 후 **6개월 내**에 다시 징벌사유에 해당하는 행위를 한 때에는 징벌(경고는 제외)의 **장기의 2분의 1까지 가중할 수 있다.**

03 소장은 징벌사유에 해당하는 행위를 하였다고 의심할 만한 상당한 이유가 있는 수용자가 ⊙ 증거를 **인멸**할 우려가 있는 때, ⓒ 다른 사람에게 **위해**를 끼칠 우려가 있거나 다른 수용자의 위해로부터 보호할 필요가 있는 때에는 조사기간 중 **분리**하여 **수용할 수 있다.**

04 징벌위원회는 징벌을 의결하는 때에 행위의 동기 및 정황, 교정성적, 뉘우치는 정도 등 그 사정을 고려할 만한 사유가 있는 수용자에 대하여 **2개월 이상 6개월 이하의 기간** 내에서 징벌의 집행을 유예할 것을 의결할 수 있다.

05 소장은 **10일의 금치처분**을 받은 수용자가 징벌의 집행이 **종료된 후** 교정성적이 양호하고 1년 6개월 동안 징벌을 받지 아니하면 **법무부장관의 승인**을 받아 징벌을 **실효시킬 수 있다.**

06 소장은 특별한 사유가 없으면 **교도관**으로 하여금 징벌대상자에 대한 심리상담을 하도록 **해야 한다.**

07 소장은 징벌집행의 **유예기간 중**에 있는 수용자가 **다시** 징벌대상행위를 하여 **징벌이 결정되면** 그 유예한 징벌을 집행한다.

08 소장은 수용자가 교정사고 방지에 뚜렷한 **공로**가 있다고 **인정**되면 징벌의 실효기간에 관계없이 **분류처우위원회의 의결**을 거친 후 **법무부장관의 승인**을 받아 징벌을 **실효시킬 수 있다.**

09 징벌의 부과사유 및 부과기준
　① 「형법」, 「폭력행위 등 처벌에 관한 법률」 그 밖의 **형사법률에 저촉**되는 행위
　　－ **21일 이상 30일 이하의 금치**
　② 수용생활의 편의 등 자신의 요구를 관철할 목적으로 **자해**하는 행위
　　－ **10일 이상 15일 이하의 금치 또는 2개월의 작업장려금 삭감**
　③ **정당한 사유 없이** 작업·교육 등을 거부하거나 태만히 하는 행위
　　－ **10일 이상 15일 이하의 금치 또는 2개월의 작업장려금 삭감**
　④ **금지물품**을 반입·제작·소지·사용·수수·교환·은닉하는 행위
　　－ **21일 이상 30일 이하의 금치**
　⑤ 다른 사람을 처벌받게 하거나 교도관의 **직무집행**을 방해할 목적으로 거짓 사실을 신고하는 행위 － **16일 이상 20일 이하의 금치 또는 3개월의 작업장려금 삭감**

10   징벌의 내용이 **16일 이상 20일 이하의 금치의 경우**에는 징벌의 실효기간이 **2년**이다.

11   징벌의 내용이 **9일 이하의 금치의 경우**와 **1개월 이하의 작업장려금 삭감**에는 징벌의 실효기간이 **1년**이다.

12   **금치처분을 받은 자**에게는 그 기간 중 **전화통화** 제한이 **함께 부과**된다.

13   **자해의 우려가 있는 금치 처분자**에 대해 실외운동을 **제한하는 경우**에도 매주 1회 이상은 실외운동을 할 수 있도록 **하여야 한다.**

14   소장은 금치를 집행하는 경우 **의무관**으로 하여금 **사전**에 수용자의 건강을 확인하도록 하여야 한다.

15   소장은 금치를 집행하는 경우 징벌집행을 위하여 **별도로 지정한 거실**에 해당 수용자를 **수용하여야 한다.**

16   수용자의 **징벌대상행위**에 대한 **조사기간은 10일 이내**로 한다. 다만, 특히 필요하다고 인정하는 경우에는 **1회에 한하여 7일을 초과**하지 아니하는 범위에서 **그 기간을 연장할 수 있다.**

17   일시 정지된 조사 기간은 **그 사유가 해소된 때**부터 **다시 진행**한다. 이 경우 조사가 **정지된 다음 날부터 정지사유가 소멸한 전날까지의 기간**은 조사기간에 **포함되지 아니한다.**

18   **징벌의 종류**
    ① **경고**
    ② **50시간** 이내의 근로봉사
    ③ **3개월** 이내의 **작업장려금** 삭감
    ④ 30일 이내의 **공동행사** 참가 정지
    ⑤ 30일 이내의 **신문열람** 제한
    ⑥ 30일 이내의 **텔레비전** 시청 제한
    ⑦ 30일 이내의 **자비구매**물품(의사가 치료를 위하여 처방한 의약품을 제외한다) 사용 제한
    ⑧ 30일 이내의 **작업** 정지(신청에 의한 작업에 한함)
    ⑨ 30일 이내의 **전화통화** 제한
    ⑩ 30일 이내의 **집필** 제한
    ⑪ 30일 이내의 **편지수수** 제한
    ⑫ 30일 이내의 **접견** 제한
    ⑬ 30일 이내의 **실외운동** 정지
    ⑭ 30일 이내의 **금치(禁置)**

19 징벌의 실효

① 금치의 실효 기간

　가. 21일 이상 30일 이하의 금치 : **2년 6개월**

　나. 16일 이상 20일 이하의 금치 : **2년**

　다. 10일 이상 15일 이하의 금치 : **1년 6개월**

　라. 9일 이하의 금치 : **1년**

② 금치 이외의 징벌 실효기간

　가. 3개월 작업장려금 삭감에 해당하는 금치 외의 징벌 : **2년**

　나. 2개월의 작업장려금 삭감에 해당하는 금치 외의 징벌 : **1년 6개월**

　다. 30일 이내의 실외운동 및 공동행사 참가 정지, 30일 이내의 접견·편지수수·집필 및 전화통화 제한, 30일 이내의 텔레비전 시청 및 신문열람 제한, 1개월의 작업장려금 삭감에 해당하는 징벌 : **1년**

　라. 30일 이내의 접견 제한, 30일 이내의 편지수수 제한, 30일 이내의 집필 제한, 30일 이내의 전화통화 제한, 30일 이내의 작업정지(신청에 의한 작업정지에 한함), 30일 이내의 자비구매물품 사용 제한, 30일 이내의 텔레비전 시청 제한, 30일 이내의 신문 열람 제한, 30일 이내 공동행사 참가 정지, 50시간 이내의 근로봉사, 경고 : **6월**

20 소장은 법 제115조 제1항·제2항에 따라 **징벌을 실효시킬 필요가 있으면** 징벌실효기간이 지나거나 **분류처우위원회의 의결**을 거친 후에 지체 없이 **법무부장관**에게 그 **승인을 신청하여야 한다.**

21 소장은 법 제115조에 따라 **실효된 징벌을 이유**로 그 수용자에게 **처우상 불이익**을 주어서는 **아니된다.**

22 소장은 **실외운동 정지**의 징벌을 부과하는 경우 또는 **금치 처분**을 받은 수용자에 대해 **실외운동을 제한**하는 경우라도 수용자가 **매주 1회 이상** 실외운동을 **할 수 있도록 한다.**

23 금치와 그 밖의 징벌을 집행할 경우에는 **금치를 우선**하여 집행한다. 다만, 작업장려금의 삭감과 경고는 금치와 **동시**에 집행할 수 있다.

24 소장은 **징벌대상자**에게 접견·편지수수 또는 전화통화를 제한하는 경우에는 징벌대상자의 **가족** 등에게 그 사실을 알려야 한다. 다만, 징벌대상자가 **알리기를 원하지 않는 경우에는 그렇지 않다.**

25 수용자가 **2 이상의 징벌사유가 경합**하는 때, 징벌이 **집행 중에 있거나** 집행이 **끝난 후** 또는 집행이 **면제된 후 6개월 내에 다시** 징벌사유에 해당하는 행위를 **한 때**에는 **징벌의 장기의 2분의 1까지 가중할 수 있다.**

26 수용자가 30일 이내의 금치처분을 받은 경우 실외운동을 제한하는 경우에도 **매주 1회 이상**은 실외운동을 할 수 있도록 **하여야 한다.**

27 징벌은 동일한 행위에 관하여 **거듭하여 부과할 수 없다.**

28 징벌사유가 발생한 날부터 **2년**이 지나면 이를 이유로 징벌을 부과하지 못한다.

29 소장은 질병이나 그 밖의 사유로 징벌집행이 곤란하면 그 사유가 해소될 때까지 그 집행을 **일시 정지**할 수 있다.

30 소장은 징벌집행 중인 사람이 뉘우치는 빛이 뚜렷한 경우에는 그 징벌을 **감경**하거나 남은 기간의 징벌집행을 **면제**할 수 있다.

09 특별한 보호와 엄중관리대상자

🔒 여성수용자

01 소장은 여성수용자가 목욕을 하는 경우에 계호가 필요하다고 인정하면 **여성교도관**이 하도록 하여야 한다.

02 소장은 여성수용자의 목욕횟수를 정하는 경우에는 그 **신체적 특징**을 고려하여야 한다.

03 소장은 여성수용자가 자신이 출산한 유아를 교정시설에서 양육할 것을 신청한 때에는 특정한 사유가 없으면 **생후 18개월**에 이르기까지 교정시설 내에서 양육할 수 있도록 **허가하여야 한다.**

04 소장은 여성수용자의 **유아가** 질병·부상 등이 심할 때, **수용자가** 질병·부상 등이 심할 때, 교정시설에 **감염병이 유행**하거나 그 밖의 사정으로 유아양육이 특히 부적당한 때에는 **양육을 불허하여야 한다.**

05 남성교도관이 1명의 여성수용자에 대하여 실내에서 상담 등을 하려면 투명한 창문이 설치된 장소에서 **다른 여성**을 입회시킨 후 실시하여야 한다.

06 거실에 있는 수용자를 **전자영상장비로 계호**하는 경우 **수용자가 여성이면 여성교도관**이 계호하여야 한다.

07 소장은 여성수용자에게 상담, 교육, 작업 등을 실시할 때에는 **여성교도관**이 담당하도록 하여야 한다. 다만, 여성교도관이 부족하거나 그 밖의 부득이한 사정이 있으면 그러하지 아니한다.

08 소장은 여성수용자에 대하여 건강검진을 실시하는 경우에는 나이·건강 등을 고려하여 **부인과질환**에 관한 검사를 **포함시켜야 한다.**

09 소장은 여성수용자가 임신 중이거나 출산(유산·사산을 **포함) 후 60일이** 지나지 아니한 경우에는 모성보호 및 건강유지를 위하여 정기적인 검진 등 적절한 조치를 **하여야 한다.**

10 소장은 생리 중인 여성수용자에 대하여는 위생에 필요한 물품을 **지급하여야 한다.**

🔨 장애인수용자

11 **장애인수용자**의 거실은 시설부족 또는 그 밖의 부득이한 사정이 없으면 **건물의 1층**에 설치하고 특히 장애인이 이용할 수 있는 **변기** 등의 시설을 **갖추도록 하여야 한다.**

12 **장애인수형자** 전담교정시설의 장은 장애인의 재활에 관한 전문적인 지식을 가진 의료진과 장비를 **갖추도록 노력하여야 한다.**

🔨 외국인수용자

13 소장은 **외국인수용자**의 **종교 또는 생활관습**이 다르거나 **민족감정** 등으로 분쟁의 소지가 있는 외국인은 **분리 수용**하여야 한다.

14 **외국인수용자 전담요원**은 외국인 미결수용자에게 **소송 진행**에 필요한 **법률지식**을 제공하는 **조력을 하여야 한다.**

15 외국인수용자를 수용하는 소장은 외국어에 능통한 **소속 교도관을 전담요원**으로 지정하여 개별상담, 고충해소, 통역·번역 및 외교공관 및 영사관 등 관계기관과의 연락 등의 업무를 **수행하게 하여야 한다.**

16 외국인수용자에게 지급하는 음식물의 총열량은 **소속국가의 음식문화와 체격** 등을 고려하여 조정할 수 있다.

17 소장은 외국인수용자가 질병 등으로 위독하거나 사망한 경우에는 그의 **국적**이나 **시민권**이 속하는 나라의 **외교공관** 또는 **영사관의 장**이나 **그 관원** 또는 **가족**에게 이를 **즉시 알려야 한다.**

🔨 노인수용자

18 **노인수형자** 전담교정시설에는 별도의 **공동휴게실**을 마련하고 노인이 선호하는 오락용품 등을 갖춰두어야 한다.

19 노인수용자의 거실은 시설부족 또는 그 밖의 부득이한 사정이 없으면 건물의 1층에 설치하고, 특히 **겨울철 난방**을 위하여 필요한 시설을 **갖추어야 한다.**

20 소장은 노인수용자가 거동이 불편하여 혼자서 목욕하기 어려운 경우에는 **교도관, 자원봉사자 또는 다른 수용자**로 하여금 목욕을 **보조하게 할 수 있다.**

21 노인수형자를 수용하고 있는 **전담 교정 시설의 장은** 노인문제에 관한 지식과 경험이 풍부한 외부 전문가를 초빙하여 교육하게 하는 등 노인수형자의 교육 받을 기회를 확대하고, 노인전문오락, 그 밖에 노인의 특성에 알맞은 **교화프로그램을 개발 · 시행하여야 한다.**

22 소장은 노인수용자가 작업을 원하는 경우에는 나이 · 건강상태 등을 고려하여 해당 수용자가 감당할 수 있는 정도의 작업을 부과한다. 이 경우 **의무관**의 의견을 들어야 한다.

🏃 소년수용자

23 **법무부장관**이 **19세 미만의 수형자**의 처우를 전담하도록 정하는 시설에는 별도의 **공동학습공간을** 마련하고 학용품 및 소년의 정서 함양에 필요한 도서, 잡지 등을 **갖춰 두어야 한다.**

24 소년수형자 전담교정시설에는 **별도의 공동학습공간을** 마련하고 학용품 및 소년의 정서 함양에 필요한 도서, 잡지 등을 **갖춰 두어야 한다.**

25 소장은 소년수형자 등의 나이 · 적성 등을 고려하여 필요하다고 인정하면 소년수형자 등에게 교정시설 밖에서 이루어지는 사회견학, 사회봉사, 자신이 신봉하는 종교행사 참석, 연극 · 영화 · 그 밖의 문화공연 관람을 허가할 수 있다. **이 경우** 소장이 허가할 수 있는 활동에는 **발표회 및 공연** 등 참가 활동을 포함한다.

26 소년수형자 전담교정시설이 아닌 교정시설에서는 소년수용자를 수용하기 위하여 **별도의 거실을** 지정하여 운용할 수 있다.

27 소장은 소년수형자 등의 나이 · 적성 등을 고려하여 필요하다고 인정하면 **접견 및 전화통화 횟수를 늘릴 수 있다.**

28 소장은 신입자에게 「아동복지법」 제15조에 따른 **미성년 자녀 보호조치를** 의뢰할 수 있음을 **알려 주어야 한다.**

🏃 엄중관리대상자

29 소장은 **조직폭력수용자가** 다른 사람과 접견할 때에는 외부 폭력조직과의 연계가능성이 높은 점 등을 고려하여 **접촉차단시설이 있는 장소에서** 하게 하여야 하며, **귀휴나 그 밖의 특별한 이익이 되는 처우를** 결정하는 경우에는 해당 처우의 허용요건에 관한 규정을 **엄격히** 적용하여야 한다.

30 소장은 교정시설에 **마약류를 반입하는 것을 방지**하기 위하여 **필요하면 강제에 의하지 아니하는 범위에서** 수용자의 **소변을** 채취하여 마약 반응검사를 할 수 있다.

31 소장은 엄중관리대상자에게 작업을 부과할 때에는 **분류 심사를 위한 조사나 감시** 등의 결과를 고려해야 한다.

32 소장은 조직폭력수용자에게 거실 및 작업장의 봉사원, 반장, 조장, 분임장 등 수용자를 대표하는 **직책을 부여해서는 아니 된다.**

33 **담당교도관**은 마약류수용자의 보관품 및 소지물의 변동 상황을 수시로 점검하고, 특이사항이 있는 경우에는 **감독교도관**에게 보고하여야 한다.

34 공소장이나 재판서에 조직폭력사범으로 **명시되어 있지 않으면** 형법 제114조(범죄단체 등의 조직)가 적용된 수용자라 할지라도 조직폭력수용자로 **지정할 수 있다.**

35 미결수용자 등 분류처우위원회의 의결 대상자가 아닌 경우에도 관심대상수용자로 지정할 필요가 있다고 인정되는 수용자에 대하여는 **교도관회의**의 심의를 거쳐 **관심대상수용자로 지정할 수 있다.**

36 소장은 징역형·금고형이 확정된 사람으로서 집행할 형기가 형집행지휘서 접수일부터 **3개월 미만인 사람, 구류형이 확정된 사람**에 대해서는 **분류심사를 하지 아니한다.**

37 소장은 공범·피해자 등의 체포영장·구속영장·공소장 또는 재판서에 조직폭력사범으로 명시된 수용자는 **조직폭력수용자로 지정한다.**

38 소장은 수용자의 교화 또는 건전한 사회복귀를 위하여 특히 필요하다고 인정하면 **번호표**를 붙이지 **아니할 수 있다.**

39 **소장**은 조직폭력수형자가 작업장 등에서 다른 수형자와 음성적으로 세력을 향상하는 등 집단화할 우려가 있다고 인정하는 경우에는 **법무부장관**에게 해당 조직폭력수형자의 **이송**을 지체 없이 신청하여야 한다.

40 **소장**은 조직폭력수용자로 지정된 사람에 대하여는 **석방**할 때까지 지정을 해제할 수 **없다.** 다만, 공소장 변경 또는 재판 확정에 따라 지정사유가 해소되었다고 인정되는 경우에는 **교도관회의의 심의 또는 분류처우위원회의 의결**을 거쳐 지정을 해제한다.

41 소장은 엄중관리대상자 중 지속적인 상담이 필요하다고 인정되는 사람에 대하여는 **상담책임자**를 지정하고, 상담책임자는 해당 엄중관리대상자에 대하여 **수시**로 개별상담을 함으로써 신속한 고충처리와 원만한 수용생활 지도를 위하여 **노력하여야 한다.**

42 소장은 엄중관리대상자 중 지속적인 상담이 필요하다고 인정되는 사람에 대하여는 **상담책임자**를 지정하는데, 상담대상자는 상담책임자 **1명당 10명 이내**로 하여야 한다.

10 종교와 문화, 교육 · 교화 프로그램

01 수용자가 구독을 신청할 수 있는 신문 · 잡지 또는 도서는 교정시설의 보관범위 및 수용자가 지닐 수 있는 범위를 벗어나지 않는 범위에서 신문은 **월 3종** 이내로, 도서(잡지를 포함한다)는 **월 10권** 이내로 한다. 다만, 소장은 수용자의 지식함양 및 교양습득에 특히 필요하다고 인정하는 경우에 는 신문 등의 신청 **수량을 늘릴 수 있다.**

02 집필용구의 구입비용 및 집필한 문서나 도화를 외부로 보내는 데 드는 비용은 **수용자가 부담**한다.

03 소장은 수용자의 건강과 일과시간 등을 고려하여 **1일 6시간** 이내에서 방송편성시간을 정한다. 다만, **토요일 · 공휴일, 작업 · 교육실태 및 수용자의 특성**을 고려하여 방송편성시간을 **조정할 수 있다.**

04 소장은 수용자의 **신앙생활을 필요하다고 인정**하는 경우에는 외부에서 제작된 휴대용 종교도서 및 성물을 수용자가 **지니게 할 수 있다.**

05 수용자는 **휴업일 및 휴게시간** 내에 **시간의 제한 없이** 집필할 수 있다. 다만, 부득이한 사정이 있는 경우에는 그러하지 아니하다.

06 소장은 교육기본법 제8조의 의무교육을 받지 못한 수형자의 교육을 위하여 필요하면 수형자를 중간처우를 위한 전담교정시설에 수용하여 **외부 교육기관에의 통학, 외부 교육기관에서의 위탁 교육**을 **받도록 할 수 있다.**

07 소장은 수형자의 교정교화를 위하여 상담 · 심리치료, 그 밖의 교화프로그램을 실시하여야 하며, 수형자의 정서 함양을 위하여 필요하다고 인정하면 연극 · 영화관람, 체육행사, 그 밖의 문화예 술 활동을 **하게 할 수 있다.**

08 소장은 **특별한 사유가 없으면 교육기간 동안**에는 교육대상자를 **다른 기관으로 이송할 수 없다.**

09 독학에 의한 학위 취득과정, 방송통신대학과정, 전문대학 위탁교육과정, 정보화 및 외국어 교육과정 에 따른 교육을 실시하는 경우 소요되는 비용은 특별한 사정이 없으면 **교육대상자의 부담**으로 한다.

10 교정시설의 장은 교육을 위하여 필요한 경우에는 **외부강사**를 초빙할 수 있으며, **카세트 또는 재 생전용기기**의 사용을 허용할 수 있다.

11 소장은 **의무교육**을 받지 못한 **수형자**에 대하여는 본인의 의사 · 나이 · 지식정도, 그 밖의 사정을 고려하여 그에 **알맞게** 교육하여야 한다.

12 본인의 신청에 따른 **미결수용자**에 대한 교육 · 교화프로그램은 **교정시설 내에서만** 실시하여야 한다.

01 미결수용자

01 미결수용자가 수용된 **거실**은 **참관할 수 없다.**

02 소장은 미결수용자로서 사건에 서로 **관련**이 있는 사람은 **분리수용**하고, 서로 간의 접촉을 금지하여야 한다.

03 미결수용자와 변호인 접견 시 **교도관이 참여하지 못하고** 그 내용을 **청취** 또는 **녹취**하지 **못하지만, 보이는 거리**에서 미결수용자를 **관찰**할 수 있다.

04 소장은 미결수용자가 **징벌대상자로서 조사**받고 있거나 **징벌집행 중인 경우**에도 소송서류의 작성, 변호인과의 접견·편지수수, 그 밖의 수사 및 재판 과정에서의 **권리행사**를 보장하여야 한다.

05 미결수용자가 재판·국정감사에 참석할 때에는 **사복**을 착용할 수 있으나, **도주의 우려가 크거나 특히 부적당한 사유가** 있다고 인정하면 교정시설에서 **지급하는 의류**를 입게 할 수 있다.

06 미결수용자와 변호인 간의 접견은 **시간과 횟수**를 **제한하지 않는다.**

07 소장은 미결수용자에 대하여는 **신청에 따라** 교육 또는 교화프로그램을 실시하거나 작업을 **부과할 수 있다.**

08 미결수용자에게 **징벌을 부과한 경우**에는 그것에 관한 **양형참고자료**를 작성하여 **관할검찰청 검사** 또는 **관할 법원**에 통보할 수 있다.

09 소장은 **미결수용자가 징벌집행 중인 경우에도** 소송서류의 작성, 변호인과의 접견, 편지수수 그 밖의 수사 및 **재판 과정에서의 권리행사를 보장하여야 한다.**

10 소장은 미결수용자가 빈곤하거나 무지하여 수사 및 재판과정에서 권리를 충분히 행사하지 못한다고 인정하는 경우에는 **법률구조**의 필요한 **지원을 할 수 있다.**

11 미결수용자의 머리카락과 수염은 특히 필요한 경우가 아니면 **본인의 의사**에 반하여 짧게 깎지 **못한다.**

12 소장은 미결수용자의 신청에 따라 작업을 부과할 수 있으며, 이에 따라 작업이 부과된 미결수용
자가 **작업의 취소를 요청하는 경우**에는 그 미결수용자의 **의사, 건강 및 교도관의 의견** 등을 고려
하여 작업을 **취소할 수 있다.**

13 소장은 미결수용자가 도주하거나 도주한 미결수용자를 체포한 경우 및 미결수용자가 위독하거나
사망한 경우에는 그 사실을 **검사에게 통보**하고, 기소된 상태인 경우에는 **법원**에도 지체 없이 통
보하여야 한다.

14 소장은 이송이나 출정 그 밖의 사유로 미결수용자를 **교정시설 밖으로 호송**하는 경우에는 해당
사건에 관련된 사람과 **호송 차량의 좌석을 분리**하는 등의 방법으로 **서로 접촉하지 못하게 하여야
한다.**

15 미결수용자를 수용하는 시설의 설비 및 계호의 정도는 **일반경비시설**에 준한다.

Chapter 04

02 사형확정자

01 사형확정자는 **독거수용**하는 것이 원칙이지만 자살방지, 교육·교화프로그램, 작업, 그 밖의 적절한 처우를 위하여 필요한 경우에 법무부령으로 정하는 바에 따라 **혼거수용할 수 있다**.

02 사형확정자가 수용된 **거실**은 참관할 수 **없다**.

03 소장은 사형확정자의 심리적 안정 및 원만한 수용생활을 위하여 교육 또는 교화프로그램을 실시하거나 **신청에 따라 작업**을 부과할 수 있다.

04 소장은 사형확정자의 심리적 안정과 원만한 수용생활을 위하여 필요하다고 인정하는 경우에는 **월 3회 이내**의 범위에서 **전화통화**를 허가할 수 있다.

05 **사형확정자의 접견 횟수는 매월 4회**로 한다.

06 소장은 교정시설의 질서유지를 위하여 특히 필요하다고 인정하는 경우에는 **법무부장관의 승인**을 받아 **사형확정자를 다른 교정시설로 이송**할 수 있다.

07 사형확정자를 수용하는 시설의 **설비 및 계호**의 정도는 **일반경비시설** 또는 **중경비시설**에 준한다.

08 소장은 사형확정자의 교육·교화 프로그램, 작업 등을 위하여 필요하거나 교정시설의 안전과 질서유지를 위하여 특히 필요하다고 인정하는 경우에는 법무부장관의 승인을 받아 사형확정자를 **다른 교정시설로 이송할 수 있다**.

09 소장은 사형확정자의 자살·도주 등의 사고를 방지하기 위하여 필요한 경우에는 사형확정자와 미결수용자를 **혼거수용할 수 있다**.

10 소장은 사형확정자가 작업을 신청하면 교도관회의의 심의를 거쳐 **교정시설 안에서** 실시하는 작업을 부과할 수 있다. 이 경우 부과하는 작업은 심리적 안정과 원만한 수용생활을 도모하는 데 **적합한 것이어야 한다**.

11 소장은 사형확정자의 교화나 심리적 안정을 도모하기 위하여 특히 필요하다고 인정하면 **접견 시간대 외에도** 접견을 하게 할 수 있고 접견시간을 **연장**하거나 접견 **횟수를 늘릴 수 있다**.

12 **사형확정자**의 심리적 안정 도모 또는 교정시설의 안전과 질서유지를 위하여 특히 필요하다고 인정하는 경우에는 교도소에 수용할 사형확정자를 **구치소**에 수용할 수 있고, 구치소에 수용할 사형확정자를 **교도소**에 수용할 수 있다.

13 소장은 **사형확정자**의 자살·도주 등의 사고를 방지하기 위하여 필요한 경우에는 사형확정자와 **미결수용자**를 혼거수용할 수 있고, 사형확정자의 교육·교화프로그램, 작업 등의 적절한 처우를 위하여 필요한 경우에는 사형확정자와 **수형자**를 혼거수용할 수 있다.

Chapter 05 처우의 사회화

01 사회적 처우(개방처우)

01 개방시설에서의 처우는 유형적·물리적 도주방지장치가 **전부 또는 일부가 없고** 수용자의 **자율 및 책임감**에 기반을 둔 처우제도이다.

02 외부통근제도는 수형자를 **주간**에 외부의 교육기관에서 교육을 받게 하거나, 작업장에서 생산작업에 종사하게 하는 것으로 **사법형, 행정형 그리고 혼합형**으로 구분된다.

03 우리나라는 가족만남의 집 운영을 통해 부부접견제도를 두고 있다고 해석할 수 있고, 외부통근제도도 시행하고 있으나 **주말구금제도**는 시행하고 있지 **않다.**

04 수용자의 출소 후 사회 **재적응**에 유익하다.

05 귀휴제도와 외부통근제도는 **개방처우**의 한 형태이다.

06 사회견학, 사회봉사, 종교행사 참석, 연극, 영화, 그 밖의 문화공연 관람은 **사회적 처우**에 속한다.

07 교정시설의 장은 원칙적으로 **개방**처우급, **완화**경비처우급 수형자에 대해서 교정시설 밖에서 이루어지는 활동을 허가할 수 있다. 다만, **처우상 특히 필요한 경우**에는 **일반**경비처우급 수형자에게도 허가할 수 있다.

08 연극이나 영화, 그 밖의 문화공연 관람에 필요한 비용은 **수형자 부담**이 원칙이며, 처우상 필요한 경우에는 **예산의 범위**에서 그 비용을 **지원할 수 있다.**

09 교정시설의 장은 사회적 처우 시에 **별도**의 수형자 의류를 지정하여 입게 하지만 처우상 필요한 경우 **자비구매의류**를 입게 할 수 있다.

10 무기수형자의 경우 **7년**을 형을 집행받은 때에는 특별귀휴사유에 해당하지 않더라도 **1년 중 20일 이내의 귀휴**를 허가받을 수 있다.

11 천재지변이나 그 밖의 **재해**로 가족, 배우자의 직계존속 또는 수형자 본인에게 회복할 수 없는 중대한 재산상의 **손해**가 발생하였거나 발생할 우려가 있는 때에는 **일반귀휴**를 허가할 수 있다.

12 소장은 귀휴를 허가하는 경우에 **법무부령**으로 정하는 바에 따라 **거소의 제한**이나 그 밖에 필요한 조건을 **붙일 수 있다.**

13 소장은 **2일 이상**의 귀휴를 허가한 경우에는 귀휴를 허가받은 사람의 귀휴지를 **관할하는 경찰관서의 장**에게 그 사실을 **통보하여야 한다.**

14 소장은 수형자의 가족 또는 배우자의 직계존속이 사망한 때에는 **5일 이내**의 특별귀휴를 허가할 수 있으며, 이 때에는 **귀휴심사위원회**의 심사를 거치지 **않을 수 있다.**

15 **6개월 이상** 형을 집행받은 수형자로서 그 형기의 **3분의 1**이 지나고 교정성적이 우수한 자가 대상이 된다.

16 무기형의 경우 **7년**이 지나고 **교정성적**이 우수한 자는 대상이 된다.

17 귀휴기간은 형 집행기간에 **포함**한다.

18 귀휴심사위원회의 회의는 위원장이 수형자에게 귀휴사유가 발생하여 귀휴심사가 필요하다고 인정하는 때에 개최하는데, **외부위원은 2명 이상**이다.

19 위원회의 회의는 **과반수 출석**으로 개의하고, **과반수 찬성**으로 의결한다.

20 **매일 1회 이상** 귀휴 대상자는 소장에게 전화보고를 조건으로 한다. 다만, 동행귀휴는 **예외**로 한다.

21 소장은 귀휴를 허가한 때에는 **귀휴허가증**을 발급하여야 한다.

22 소장은 **개방**처우급 · **완화**경비처우급 수형자에 대하여 **가족 만남의 날 행사**에 참여하게 하거나 **가족 만남의 집**을 이용하게 할 수 있다.

23 소장은 가족이 없는 수형자에 대하여는 **결연**을 맺었거나 그 밖에 가족에 **준하는** 사람으로 하여금 그 가족을 **대신**하게 할 수 있다.

24 수형자가 가족 만남의 날 행사에 참여하거나 가족 만남의 집을 이용하는 경우 형의 집행 및 수용자의 처우에 관한 법률 시행규칙 제87조에서 정한 접견 허용횟수에 **포함되지 아니한다.**

25 소장은 교화를 위하여 특히 필요한 경우에는 **일반**경비처우급 수형자에 대하여도 가족 만남의 날 행사 참여 또는 가족 만남의 집 이용을 **허가할 수 있다.**

26 소장은 **6개월 이상** 형을 집행받은 수형자로서 그 형기의 **3분의 1(21년 이상의 유기형 또는 무기형의 경우에는 7년)**이 지나고 **교정성적**이 우수한 사람이 질병이나 사고로 외부의료시설에의 **입원**이 필요한 때에는 **1년 중 20일 이내**의 귀휴를 **허가할 수 있다.**

27 소장은 수형자의 가족 또는 수형자 배우자의 직계존속이 **사망**한 때에는 수형자에게 **5일 이내**의 **특별귀휴**를 허가할 수 있다.

28 귀휴기간은 형 집행기간에 **포함**되며, 귀휴자의 여비와 귀휴 중 착용할 복장은 **본인이 부담**한다.

29 **가족만남의 날 행사** 참여는 수형자와 그 가족이 원칙적으로 교정시설 내의 일정한 장소에서 **다과와 음식**을 함께 나누면서 대화의 시간을 갖는 행사를 말한다.

30 소장은 **중경비**처우급 수형자에 대하여 가족 만남의 날 행사에 참여하게 하거나 가족 만남의 집을 **이용하게 할 수 없다.** 가족 만남의 날 행사는 **개방**처우급과 **완화**경비처우급이 원칙적인 대상이고, **예외적**으로 **일반**경비처우급 수형자에 대해서도 할 수 있다.

31 주말구금제도란 형의 집행을 가정이나 직장생활을 하는 데 지장이 없는 **토요일과 일요일인 주말에 실시하는 제도**로 매 주말마다 형이 집행되는 형의 분할집행방법을 의미한다.

32 보스탈 제도(Borstal system)는 '보호' 또는 '**피난시설**'이란 뜻을 갖고 있으며, 영국 켄트지방의 지역 이름을 따 시설을 운영했던 것에서 일반화되어 오늘날 소년원의 대명사로 사용되곤 한다. 주로 16세에서 21세까지의 범죄소년을 수용하여 직업훈련 및 학과교육 등을 실시함으로써 교정, 교화하려는 제도이다.

Chapter 05

02 지역사회교정(사회 내 처우)

01 범죄자에 대한 **인도주의적** 처우, **사회복귀**의 긍정적 효과 그리고 **교정경비의 절감**과 **재소자관리 상 이익**의 필요성 등의 요청에 의해 대두되었다.

02 통상의 형사재판절차에 처해질 알코올중독자, 마약사용자, 경범죄자 등의 범죄인에 대한 **전환 (diversion)** 방안으로 활용할 수 있다.

03 범죄자에게 가족, 지역사회, 집단 등과의 **유대관계**를 유지하게 하여 지역사회 재통합 가능성을 높여줄 수 있다.

04 사회 내 재범가능자들을 감시하고 지도함으로써 지역사회의 안전과 보호에 기여하고, **법통제망 을 확대**시키는 단점이 있다.

05 교정의 목표는 사회가 범죄자에게 교육과 취업기회를 제공해 주고 **사회적 유대**를 구축 또는 재구축하는 것이다.

06 구금이 필요하지 않은 범죄자들에게는 **구금 이외의 처벌**이 필요하다.

07 전통적 교정에 대한 새로운 대안의 모색으로 **지역사회**의 책임이 요구되었다.

08 교정개혁에 초점을 둔 인간적 처우를 증진하며 **범죄자의 책임**을 경감시키는 시도는 아니다.

09 지역사회교정은 대체로 **전환(diversion)** · **옹호(advocacy)** · **재통합(reintegration)**의 형태로 시행되고 있다.

10 지역사회교정은 범죄자에 대한 **인도주의적 처우, 사회복귀의 긍정적 효과 그리고 교정경비의 절 감과 재소자관리상 이익의 필요성** 등의 요청에 의해 대두되었으며, 지역사회의 **보호, 처벌의 연 속성 제공, 사회복귀와 재통합** 등을 목표로 한다.

11 지역사회교정이란 **지역사회와 범죄자와의 상호 의미 있는 유대라는 개념**을 바탕으로 지역사회에 서 행해지는 범죄자에 대한 **다양한 제재와 비시설 내 교정프로그램**을 말한다.

12 지역사회교정은 교정시설 수용에 비해 일반적으로 **비용과 재정부담이 감소**되고 교도소 **과밀수용 문제를 해소**할 수 있다.

13 지역사회교정은 대상자에게 **가족, 지역사회, 집단 등과 유대관계를 유지**하게 하여 범죄자의 지역사회 **재통합** 가능성을 높여 줄 수 있다.

14 전환제도의 장·단점

장 점	• 범죄적 낙인과 접촉으로 인한 부정적 위험을 피함으로써 2차적 일탈 방지 • 구금의 비생산성에 대한 대안적 분쟁해결방식 제공 • 공식적 환경을 비공식적 환경으로 대체 가능 • 공식적인 형사절차가 교도소 건축비, 시설유지비 등의 막대한 비용이 필요한 데 비해 비용 절감 • 법원의 업무경감으로 형사사법제도의 능률성 및 신축성 부여 • 개선가능성이 크고 청소년범죄자에게 더욱 효과적
단 점	• 형사사법 대상자 확대 및 형벌 이외의 비공식적 사회통제망 확대 • 범죄자에 대한 가벼운 처벌로 형벌제지효과 감소 및 재범 가능성 증가 • 형사사법기관의 전환재량권 남용으로 인한 형사사법 불평등 유발, 적법절차 위배로 인한 대상자의 인권침해 우려 • 범죄원인제거와는 무관하다는 비판

15 전환이란 범죄자를 **공식적인 형사사법 절차와 과정으로부터 비공식적인 형사사법 절차와 과정으로 우회**시키는 제도로서 **교도소 과밀화 해소에 도움**이 된다.

Chapter 05

03 중간처우제도와 중간처벌제도

중간처우제도

01 전자감시제도의 **단점**
① 전자감시를 통해 대상자의 **프라이버시**를 지나치게 침해할 우려
② 전자감시장비의 설치와 유지에 **많은 비용 소요**
③ 대상자들이 가택에 머물지 않는 것을 **통제할 수 없는 경우**가 많음
④ 적용할 수 있는 **대상자에 제한이 있음**
⑤ 가택을 떠나고 싶은 유혹을 계속적으로 뿌리쳐야 하므로 대상자의 **심리적 압박**이 지나치게 큼

02 중간처우가 **사회복귀**에 중점을 둔 제도라면, 중간처벌은 **제재**에 중점을 두었다.

03 **석방 전 중간처우소**는 교도소에서 지역사회로 전환하는 데 필요한 도움과 지도를 제공한다.

04 석방 전 중간처우소(halfway-out house)는 출소와 지역사회에서의 독립적인 생활사이의 과도기적 단계로서 주거서비스를 제공하여 **가족과 지역사회의 유대관계를 회복**할 수 있도록 도와주며, 취업 알선 프로그램이나 사회복귀 문제요인을 해결책으로 제시함으로서 **사회에 적응**을 할 수 있도록 도와준다.

05 **입소 전 중간처우소(halfway-in house)**는 대체로 정신질환 범죄자나 마약중독 범죄자 등에게 유용한 것으로, 수형자가 겪고 있는 정신질환이나 중독증상이 치유된 **이후에** 수형생활을 하는 것이 **교정의 효과를 높일 수 있기 때문**이다.

06 중간처우소는 영국의 **호스텔**에서 발전한 것으로 **주간**에는 직장에 **통근**하고 **야간과 공휴일**엔 시설에서 **자유형 집행**을 한다.

07 우리나라는 수용시설 내의 수형자를 **지역사회와 연계**시켜 사회적응력을 배양하고 사회복귀를 촉진하기 위해서 **중간처우의 집**을 운영하고 있다.

08 중간처우 대상자

교정시설의 개방시설 수용 중간처우 대상자	지역사회의 개방시설 수용 중간처우 대상자
① **개방처우급 혹은 완화경비처우급** 수형자	① **개방처우급 혹은 완화경비처우급** 수형자
② 형기가 **3년** 이상인 사람	② 형기가 **3년** 이상인 사람
③ 범죄 횟수가 **2회 이하**인 사람	③ 범죄 횟수가 **2회 이하**인 사람
④ 중간처우를 받는 날부터 가석방 또는 형기 종료 예정일까지 기간이 **3개월 이상 1년 6개월 이하**인 사람	④ 중간처우를 받는 날부터 가석방 또는 형기 종료 예정일까지의 기간이 **9개월 미만**인 수형자

🔨 중간처벌제도

09 중간처벌은 **보호관찰과 구금형 사이의 처벌형태**로 일종의 대체처벌이라고 할 수 있다.

10 중간처벌이란 **구금형과 일반보호관찰 사이에 존재**하는 대체처벌로서, **중간처우가 사회복귀에 중점**을 두는 것이라면 **중간처벌은 제재에 보다 중점**을 둔 제도이다.

11 재판단계의 중간처벌의 종류는 **벌금과 전환**이 있다.

12 전환은 범죄자라는 **낙인을 회피**할 수 있고, 다른 범죄자와의 **부정적 접촉을 차단**할 수 있다.

13 충격구금은 구금의 효력은 **입소 후 6~8개월에 이르기까지** 최고조에 달하다가 그 후에는 급격히 떨어진다는 것에 대한 동의를 바탕으로 한다.

14 전자감시(감독)제도는 처벌프로그램의 종류라기보다는 **대상자의 위치**를 파악할 수 있는 감시(감독)기술로서, 구금으로 인한 **폐해를 줄일 수 있고** 대상자가 교화·개선에 도움이 되는 각종 **교육훈련과 상담**을 받을 수 있다.

15 집중감시(감독)보호관찰은 감독의 강도가 **일반보호관찰보다는 높고 구금에 비해서는 낮은 것**으로, 집중적인 접촉관찰을 실시함으로써 대상자의 욕구와 문제점을 보다 정확히 파악하고, 이에 알맞은 지도·감독 및 원호를 실시하여 **재범방지**의 효과를 높일 수 있다.

16 **수강명령**은 유죄가 인정된 범죄인이나 비행소년을 교화·개선하기 위해 이들로부터 일정한 여가를 박탈함으로써 처벌의 효과도 얻을 수 있고, 동시에 교육훈련을 통하여 자기 개선적 효과를 기대할 수 있다.

17 **배상제도**는 범죄자로 하여금 범죄로 인한 피해자의 **경제적 손실을 금전적으로 배상**하게 하는 것으로, 범죄자의 사회복귀를 도울 수 있으며 범죄자에게 범죄에 대한 **속죄의 기회**를 제공한다.

18 집중보호관찰은 대개의 경우 **야간 통행금지시간**을 정하고, 일정시간의 **사회봉사**를 행하게 한다.

19 집중보호관찰의 대상자는 **재범의 위험성이 높은** 보호관찰대상자가 보편적이다.

20 집중보호관찰의 주된 대상자는 **약물**중독자와 **조직폭력** 범죄자이다. 또한 19세 미만의 성폭행 범죄자에 대해 1인의 담당 보호관찰관 지정하는 것은 가해자와 피해자와의 관계를 고려하는 것으로 볼 수 있다.

21 **배상명령**은 시민이나 교정당국에 비용을 부담시키지 않고, 범죄자로 하여금 **지역사회에서 가족과 인간관계를 유지**하며 직업활동에 전념할 수 있게 한다.

22 충격구금은 구금형과 집행유예를 **결합**하여 시행하는 교정관련 중간처벌로, 일시적인 구금을 통한 고통의 경험이 미래 범죄행위에 대한 **억지력**을 발휘할 것이라는 가정을 전제로 한다.

23 충격구금은 **보호관찰에 앞서** 일시적인 구금의 고통이 미래 범죄행위에 대한 억지력을 발휘할 것이라고 가정하는 처벌형태로, 이는 **장기구금에 따른 폐해와 부정적 요소를 해소하거나 줄이고** 대신 구금이 가질 수 있는 긍정적 측면을 강조하기 위한 것이다.

04 가석방

01 **가석방**은 징역이나 금고의 집행을 받고 있는 사람이 **행상**이 양호하여 **뉘우침**이 뚜렷하다고 인정될 때 형기만료 전에 조건부로 수형자를 석방하는 제도이다.

02 형기에 산입된 판결선고 전 구금일수는 가석방에 있어서 집행을 경과한 기간에 **산입한다.**

03 가석방자에게 **사회봉사명령이나 수강명령**을 부과할 수 **없다.**

04 **구류형** 수형자는 가석방의 대상자가 **아니다.**

05 가석방의 처분을 받은 후 그 처분이 실효되지 않고 가석방 기간을 경과한 때에는 형의 집행을 **종료**한 것으로 본다.

06 가석방 중 과실로 인한 죄로 금고 이상의 형의 선고를 받았을 때에는 실효사유가 **아니고, 고의**에 의한 **범죄만 해당된다.**

07 가석방자는 가석방 기간 중 '가석방자 관리규정'에서 정한 지켜야 할 사항을 준수하고 **관할 경찰서의 장**의 보호와 감독을 받는다.

08 수형자를 가석방한 **소장**은 가석방 취소사유에 해당하는 사실이 있음을 알게 되면 **가석방 심사위원회**에 가석방취소심사를 **신청하여야 한다.**

09 **소장**은 가석방 취소가 타당하다고 인정되는 경우 긴급한 사유가 있을 때에는 위원회의 심사를 거치지 않고 **법무부장관**에게 가석방 취소를 **신청할 수 있다.**

10 가석방심사위원회는 취소심사를 위하여 필요하다고 인정되면 가석방자를 위원회에 **출석시켜 진술을 들을 수 있다.**

11 가석방 처분 후 처분이 실효 또는 취소되지 않고 가석방 기간을 경과한 때에는 당연히 **형 집행 종료를 결정한다.**

12 가석방심사위원회는 가석방 적격결정을 하였으면 **5일** 이내에 법무부장관에게 가석방 허가를 신청하여야 한다.

13 징역이나 금고의 집행 중에 있는 사람이 행상이 양호하여 뉘우침이 뚜렷한 때에는 **무기형은 20년, 유기형은 형기의 3분의 1**을 지난 후 행정처분으로 가석방을 할 수 있다.

14 벌금이나 과료가 **병과**되어 있는 때에는 그 금액을 **완납하여야 한다.**

15 징역이나 금고의 집행 중에 있는 사람이 행상(行狀)이 양호하여 뉘우침이 뚜렷한 때에는 **행정처분**으로 가석방을 **할 수 있다.**

16 가석방의 기간은 **무기형**에 있어서는 **10년**으로 하고, **유기형**에 있어서는 **남은 형기**로 하되, 그 기간은 **10년을 초과할 수 없다.**

17 가석방된 자는 가석방 기간 중 **보호관찰**을 받는다. 다만, 가석방을 허가한 행정관청이 **필요가 없다고** 인정한 때에는 **그러하지 아니하다.**

18 가석방 적격심사 시 재산에 관한 죄를 지은 수형자에 대하여는 특히 그 범행으로 인하여 발생한 **손해의 배상** 여부 또는 **손해를 경감**하기 위한 노력 여부를 심사하여야 한다.

19 가석방자는 가석방 후 그의 주거지에 도착하였을 때에 지체 없이 종사할 직업 등 생활계획을 세우고, 이를 관할 경찰서의 장에게 **서면**으로 신고하여야 한다.

20 **관할 경찰서의 장은 6개월마다** 가석방자의 품행, 직업의 종류, 생활 정도, 가족과의 관계, 가족의 보호 여부 및 그 밖의 참고 사항에 관하여 조사서를 작성하고 **관할 지방검찰청의 장** 및 가석방자를 수용하였다가 **석방한 교정시설의 장**에게 통보하여야 한다. 다만, 변동 사항이 없는 경우에는 그러하지 아니하다.

21 가석방자는 **국내 주거지 이전(移轉)** 또는 1개월 이상 국내 여행을 하려는 경우 **관할 경찰서의 장**에게 신고하여야 한다.

22 가석방자가 **사망**한 경우 **관할 경찰서의 장**은 그 사실을 **관할 지방검찰청의 장 및 가석방자를 수용하였다가 석방한 교정시설의 장**에게 통보하여야 하고, 통보를 받은 석방시설의 장은 그 사실을 **법무부장관**에게 보고하여야 한다.

23 가석방 처분을 받은 자가 감시에 관한 규칙을 위배하거나 보호관찰의 지켜야 할 사항을 위반하였다고 하여 반드시 **가석방 처분을 취소하여야 하는 것은 아니다.**

24 **분류처우위원회**는 가석방적격심사 신청 대상자 선정 등에 관한 사항을 **심의·의결**한다.

25 가석방심사위원회의 심의서는 해당 가석방 결정 등을 행한 후부터 **즉시 공개**한다. 다만, 그 내용 중 개인의 **신상**을 특정할 수 있는 **부분은 삭제**하고 공개하되, **국민의 알권리**를 충족할 필요가 있는 등의 사유가 있는 경우에는 **위원회가 달리 의결할 수 있다.**

26 수형자의 가석방 적격심사신청을 위하여 사전조사하는 경우, 신원에 관한 사항에 대한 조사는 수형자를 수용한 날부터 **1개월 이내**에 하고, 그 후 변경할 필요가 있는 사항이 발견되거나 가석방 적격심사신청을 위하여 필요한 경우에 한다.

27 가석방자는 가석방증에 적힌 기한 내에 **관할경찰서에 출석**하여 가석방증에 출석확인을 받아야 한다.

28 가석방자는 그의 주거지에 도착하였을 때에는 지체 없이 종사할 직업 등 생활계획을 세우고 이를 **관할경찰서의 장**에게 **서면**으로 신고하여야 한다.

29 관할경찰서의 장은 적절한 지도를 할 수 있고, 지도 중 가석방자의 재범방지를 위해 특히 필요하다고 인정하는 경우에는 **특정 장소의 출입제한명령** 등 필요한 조치를 할 수 있다.

30 가석방자는 **국외 이주** 또는 **1개월 이상 국외 여행**을 하려는 경우에는 허가신청서를 **관할경찰서의 장**에게 신고하여야 한다.

31 관할경찰서의 장은 **6개월**마다 가석방자의 품행, 직업의 종류, 생활 정도, 가족과의 관계, 가족의 보호 여부 및 그 밖의 참고사항에 관하여 조사서를 작성하고 **관할 지방검찰청의 장** 및 가석방자를 수용하였다가 석방한 **교정시설의 장**에게 통보하여야 한다. 다만, 변동 사항이 없는 경우에는 그러하지 아니하다.

32 가석방자는 **국내 주거지 이전** 또는 **1개월 이상 국내 여행**을 하려는 경우 **관할경찰서의 장**에게 신고하여야 한다.

33 가석방자가 **사망**한 경우 관할경찰서의 장은 그 사실을 **관할 지방검찰청의 장** 및 가석방자를 수용하였다가 석방한 **교정시설의 장**에게 통보하여야 하고, 통보를 받은 석방시설의 장은 그 사실을 **법무부장관**에게 보고하여야 한다.

05 보호관찰제도와 갱생보호제도

🔨 보호관찰제도

01 올린(Ohlin)의 보호관찰관의 유형

처벌적 보호관찰관	① 통제는 강조하지만, 지원에는 소극적이다. ② **위협과 처벌을 수단**으로 범죄자를 사회에 동조하도록 강요한다. ③ 사회의 보호, 범죄자의 통제, 범죄자에 대한 체계적 의심 등을 중요시한다.
보호적 보호관찰관	① 통제나 지원 모두 강조한다. ② 지역사회보호와 범죄자의 보호 **양자 사이를 망설이는 유형**으로, 주로 직접적인 지원이나 강연 또는 칭찬과 꾸중의 방법을 이용한다. ③ 지역사회와 범죄자의 입장을 번갈아 편들기 때문에 어정쩡한 입장에 처하기 쉽다.
복지적 보호관찰관	① 지원은 강조하지만, 통제에는 소극적이다. ② 자신의 목표를 **범죄자에 대한 복지의 향상**에 두고 범죄자의 능력과 한계를 고려하여 적응할 수 있도록 도와주려고 한다. ③ 범죄자의 개인적 적응 없이는 사회의 보호도 있을 수 없다고 믿고 있다.
수동적 보호관찰관	① **통제나 지원 모두에 소극적**이다. ② 자신의 임무를 단지 최소한의 노력을 요하는 것으로 인식하는 사람이다.

02 스미크라(Smykla)의 보호관찰 모형

전통적 모형	보호관찰관이 지식인(generalist)으로서 내부자원을 이용하여 지역적으로 균등배분된 보호관찰대상자에 대해서 지도·감독에서 보도·원호에 이르기까지 다양한 기능을 수행하나 **통제를 보다 중시**하는 모형이다.
프로그램모형	① 보호관찰관은 전문가(specialist)를 지향하나 목적수행을 위한 자원은 내부적으로 해결하려는 모형이다. ② **보호관찰관이 전문가로 기능**하기 때문에 보호관찰대상자를 분류하여 보호관찰관의 전문성에 따라 배정하게 된다. ③ 이 모형의 문제는 범죄자의 상당수는 특정한 한 가지 문제만으로 범죄자가 된 것은 아니며, 한 가지의 처우만을 필요로 하는 것도 아니라는 것이다.
옹호모형	보호관찰관은 지식인(generalist)으로서 외부자원을 적극 활용하여 보호관찰대상자가 다양하고 전문적인 사회적 서비스를 제공받을 수 있도록 무작위로 배정된 대상자들을 **사회기관에 위탁**하는 것을 주된 임무로 한다.
중개모형	보호관찰관은 전문가(specialist)로서 자신의 전문성에 맞게 배정된 보호관찰대상자에 대하여 사회자원의 개발과 중개의 방법으로 **외부자원을 적극 활용**하여 전문적인 보호관찰을 한다.

🔨 갱생보호제도

01 법무부장관은 갱생보호사업의 **허가**를 **취소**하거나 **정지**하려는 경우에는 **청문**을 하여야 한다.

02 법무부장관은 갱생보호사업자가 정당한 이유 없이 갱생보호사업의 허가를 받은 후 **6개월 이내**에 갱생보호사업을 시작하지 아니하거나 **1년 이상** 갱생보호사업의 실적이 없는 경우, 그 허가를 **취소하여야 한다.**

03 갱생보호사업을 효율적으로 추진하기 위하여 **한국법무보호복지공단**을 설립한다.

04 갱생보호 대상자와 관계 기관은 보호관찰소의 장, 갱생보호사업 허가를 받은 자 또는 한국법무보호복지공단에 갱생보호 **신청을 할 수 있다.**

05 갱생보호는 **숙식 제공, 주거 지원, 창업 지원, 직업훈련 및 취업 지원, 출소예정자 사전상담** 등의 방법으로 한다.

06 갱생보호사업을 하려는 자는 **법무부령**으로 정하는 바에 따라 **법무부장관**의 허가를 받아야 한다.

07 갱생보호사업자 또는 한국법무보호복지공단은 갱생보호대상자에 대한 숙식제공의 기간을 연장하고자 할 때에는 **본인의 신청에 의하되**, 자립의 정도, 계속보호의 필요성 기타 사항을 고려하여 이를 결정하여야 한다.

08 숙식 제공 기간의 연장이 필요하다고 인정되는 때에는 **매회 6월의 범위 내에서 3회에 한하여** 그 기간을 연장할 수 있다.

01 | 교정의 민영화

01 **법무부장관**은 필요하다고 인정하면 교정업무를 공공단체 외의 **법인·단체** 또는 **그 기관이나 개인**에게 **위탁**할 수 있다. 다만, 교정업무를 **포괄적**으로 위탁하여 한 개 또는 여러 개의 교도소 등을 설치·운영하도록 하는 경우에는 **법인**에만 위탁할 수 있다.

02 교정업무의 민간 위탁계약 기간은 **수탁자**가 교도소 등의 **설치비용을 부담**하는 경우는 **10년 이상 20년 이하**, 그 밖의 경우는 **1년 이상 5년 이하**로 하되, 그 기간은 **갱신할 수 있다.**

03 **교정법인의 대표자**는 그 교정법인이 운영하는 **민영교도소 등의 장을 겸할 수 없고**, 이사는 감사나 직원을 겸할 수 없지만, **해당 교정법인이 운영하는 민영교도소 등의 장은 겸할 수 있다.**

04 **감사**는 **교정법인의 대표자·이사 또는 직원**(그 교정법인이 운영하는 민영교도소 등의 직원을 포함)을 **겸할 수 없다.**

05 교정법인 이사의 **과반수**는 대한민국 국민이어야 하며, **이사의 5분의 1 이상**은 교정업무에 종사한 경력이 **5년 이상**이어야 한다.

06 **법무부장관**은 민영교도소 등의 업무 및 그와 관련된 교정법인의 업무를 지도·감독하며, 필요한 경우 **지시나 명령**을 할 수 있다. 다만, 수용자에 대한 교육과 교화프로그램에 관하여는 그 교정법인의 의견을 **최대한 존중**하여야 한다.

07 민영교도소 등의 설치·운영에 관한 회계는 **교도작업회계와 일반회계**로 구분하며, 민영교도소에 수용된 수용자가 작업하여 발생한 수입은 **국고수입**으로 한다.

08 교정법인은 기본재산에 대하여 **용도변경** 또는 **담보제공**의 행위를 하려면 **법무부장관**의 허가를 받아야 한다.

09 민영교도소 등의 직원은 근무 중 법무부장관이 정하는 **제복**을 입어야 한다.

10 **법무부장관**은 민영교도소 등의 직원이 위탁업무에 관하여 민영교도소 등의 설치·운영에 관한 법률에 따른 명령이나 처분을 위반하면 그 직원의 **임면권자**에게 해임이나 정직·감봉 등 징계처분을 하도록 명할 수 있다.

11 위탁업무의 정지 : 법무부장관은 수탁자가 이 법 또는 이 법에 따른 명령이나 처분을 위반하면 **6개월 이내**의 기간을 정하여 위탁업무의 **전부 또는 일부**의 정지를 **명할 수 있다.**

12 교정법인은 위탁업무를 수행할 때 같은 유형의 수용자를 수용·관리하는 국가운영의 교도소 등 과 **동등한 수준 이상**의 교정서비스를 제공하여야 한다.

13 교정법인은 민영교도소 등에 수용되는 자에게 **특별한** 사유가 있다는 이유로 수용을 **거절할 수 없다.** 다만, 수용·작업·교화, 그 밖의 처우를 위하여 특별히 필요하다고 인정되는 경우에는 법무부장관에게 수용자의 이송을 **신청할 수 있다.**

14 교정법인의 대표자는 민영교도소의 장 및 대통령령으로 정하는 직원을 임면할 때에는 **미리 법무부장관**의 승인을 받아야 한다.

15 **대한민국 국민이 아닌 자**는 민영교도소의 **직원**으로 임용될 수 **없다.**

Chapter 06

www.pmg.co.kr

PART

02

형사정책론

01 형사정책을 시행함에 있어서도 **죄형법정주의**는 중요한 의미를 가진다.

02 형사정책을 시행함에 있어서는 **공식적인 통계에 나타나지 않는** 범죄도 고려의 대상이 된다.

03 형사정책은 초기에는 형사입법정책이라는 좁은 의미로 사용되었으나, 점차 **범죄의 실태와 원인을 규명하여 이를 방지**하려는 일반대책의 개념으로 확대되었다.

04 **좁은** 의미의 형사정책학은 범죄와 범죄자, 사회적 일탈행위 및 이에 대한 통제방법을 연구하는 경험과학 또는 규범학이 아닌 **사실학**의 총체를 말한다.

05 형식적 의미의 범죄는 **형법상 범죄구성요건으로 규정된 행위**를 의미하며, 실질적 의미의 범죄는 법규정과 관계없이 범죄의 실질을 가지는 **반사회적인 법익침해행위**를 말한다.

06 형식적 범죄 개념은 형법해석과 죄형법정주의에 의한 형법의 **보장적** 기능의 기준이 된다.

07 실질직 범죄 개념은 사회유해성 내지 법익을 침해하는 **반사회적 행위**를 의미하며, 범죄화와 비범죄화의 기준이 된다.

08 **자기보고조사**란 일정한 집단을 대상으로 개개인의 범죄 또는 비행을 **스스로 보고**하게 함으로써 암수를 측정하는 방법이다.

09 피해자조사(victim survey)는 실제 범죄의 피해자로 하여금 범죄의 **피해경험**을 보고하게 하는 방법으로, **암수범죄**의 조사방법으로 **가장 많이 활용**된다.

10 **참여적 관찰방법**이란 연구자가 **직접 범죄자 집단**에 들어가 함께 생활하면서 그들의 생활을 관찰하는 조사방법을 말한다.

11 **공식범죄통계**는 범죄상황을 파악하는 데 있어서 가장 기본적인 수단으로 활용되고 있으나, 통계에는 **암수범죄가 나타나 있지 않기 때문에** 객관적인 범죄상황을 정확히 나타내 주지는 못한다.

12 **(준)실험적 연구**는 새로 도입한 형사사법제도의 효과를 검증하는 데 유용하게 활용된다.

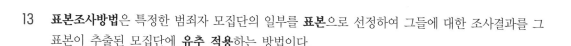

13 **표본조사방법**은 특정한 범죄자 모집단의 일부를 **표본**으로 선정하여 그들에 대한 조사결과를 그 표본이 추출된 모집단에 **유추 적용**하는 방법이다.

14 **추행조사방법**은 일정한 범죄자 또는 비범죄자들에 대해 시간적 간격을 두고 **추적 · 조사**하여 그 들의 특성과 사회적 조건의 변화를 관찰함으로써 범죄와의 상호 연결 관계를 파악할 수 있다.

15 비범죄화란 지금까지 형법에 범죄로 규정되어 있던 것을 폐지하여 **범죄목록에서 삭제**하거나 **형 사처벌의 범위를 축소**하는 것으로 그 대상범죄로는 단순도박죄, 낙태죄 등이 제시된다.

16 신범죄화(신규 범죄화)란 지금까지 **존재하지 않던 새로운 형벌구성요건을 창설**하는 것으로 환경 범죄, 경제범죄, 컴퓨터범죄 등이 여기에 해당한다.

17 암수범죄(숨은 범죄)는 **실제로 범죄가 발생하였으나 범죄통계에 나타나지 않는 범죄**를 의미한다.

18 수사기관이 범죄피해자가 아닌 제3자의 신고를 받고 범죄를 인지하여 해결한 경우 **암수범죄로 볼 수 없다.**

19 암수범죄를 파악하기 위해 범죄피해자로 하여금 범죄피해를 보고하게 하는 **피해자 조사**가 행해 지기도 한다.

20 **피해자 없는 범죄의 경우** 암수범죄가 발생할 가능성이 상대적으로 **높다.**

21 **상대적 암수범죄(relatives dunkelfeld)**는 **수사기관에 인지는 되었으나 해결되지 않은 범죄**로 수 사기관이나 법원과 같은 법집행기관의 자의 또는 재량 때문에 발생하는 암수범죄이다.

22 **절대적 암수범죄(absolutes dunkelfeld)**는 성매매, 낙태, 도박, 마약매매와 같은 피해자가 없거 나 **피해자와 가해자의 구별이 어려운 범죄에서 많이 발생**하게 된다.

23 **국제형사학협회** – 1889년 독일의 **리스트(Liszt)**를 중심으로 네덜란드의 **하멜(Hamel)**, 벨기에의 **프린스(Prins)**에 의해 설립되어 1937년까지 11회의 국제회의를 개최하였다.

24 **국제형법 및 형무회의** – 처음에는 '국제형무회의'라는 명칭으로 각국 정부의 공식적인 대표들이 참여하였으며, 5년마다 소집되어 초기에는 행형문제를 주로 토의하였다.

25 **국제형법학회** – 1924년 파리에서 프랑스, 벨기에, 이탈리아, 스위스, 폴란드 및 미국의 학자들 이 모여 창설하였으며, 벨기에의 브뤼셀에서 1회 회의를 개최하였다.

26 **유엔범죄예방 및 형사사법총회** – '국제형법 및 형무회의'를 계승한 것으로 1955년에 스위스 제 네바에서 제1회 회의를 개최하였다.

01 고전주의, 실증주의

🔨 고전주의

01 **비결정론**은 법률적 질서를 **자유의사**에 따른 합의의 산물로 보고 법에서 금지하는 행위를 하거나 의무를 태만히 하는 행위 모두를 범죄로 규정하며, 범죄의 원인에 따라 책임 소재를 가리고 그에 상응하는 **처벌을 부과**해야 한다는 견해이다.

02 **결정론**에 따르면 인간의 사고나 판단은 이미 결정된 행위 과정을 정당화하는 것에 불과하므로 자신의 사고나 판단에 따라 **자유롭게** 행위를 **선택**할 수 **없다고 본다.**

03 인간은 **자유의사**를 가진 합리적인 존재이다.

04 인간은 처벌에 대한 두려움 때문에 범죄를 선택하는 것이 **억제**된다.

05 범죄를 효과적으로 제지하기 위해서는 **처벌이 엄격 · 확실**하고, 집행이 **신속**해야 한다.

06 **리스트(Liszt)**는 형벌의 목적을 **개선, 위하, 무해화**로 나누고, 행위자의 특성을 기준으로 세 가지 유형으로 구분하여 각각의 유형에 따라 **특별예방대책**을 제시했다.

07 **코헨과 펠슨(L. Cohen & M. Felson)의 일상활동이론**은 일상활동의 구조적 변화가 **동기 부여된** 범죄자, **적절한 범행대상** 및 **보호의 부재**라는 세 가지 요소에 대해 **시간적 · 공간적**으로 영향을 미친다.

08 **억제 또는 제지이론**은 인간이란 합리적으로 즐거움과 고통, 이익과 비용을 계산할 줄 아는 이성적 존재이기 때문에 범죄의 비용이 높을수록 범죄수준은 낮아질 것이라는 가정, 즉 **처벌을 강화**하면 두려움과 공포로 인하여 사람들의 범죄동기가 억제되고 범죄는 줄어들 것이라는 가정에 기초한 이론으로 **일반제지와 특별제지**의 두 가지 형태로 논의되어 왔다. 범죄억제 구성요소로 **처벌의 확실성, 처벌의 엄중성, 처벌의 신속성**이 있다.

09 인간은 자신의 행동을 **합리적, 경제적**으로 계산하여 결정하기 때문에 자의적이고 불명확한 법률은 이러한 합리적 계산을 불가능하게 하여 범죄억제에 좋지 않다고 보았다.

🔨 베카리아 형사사법제도

10 형벌은 성문의 법률에 의해 규정되어야 하고, 법조문은 누구나 알 수 있게 **쉬운 말**로 작성되어야 한다.

11 범죄는 사회에 대한 **침해**이며, 침해의 정도와 형벌 간에는 적절한 **비례관계**가 유지되어야 한다.

12 범죄예방의 가장 좋은 방법의 하나는 잔혹한 형의 집행보다 **확실**하고 예외 없는 **처벌**이다.

13 **베까리아(C. Beccaria)의 고전주의 범죄학** : 범죄를 처벌하는 것보다 범죄를 예방하는 것이 더욱 바람직하다.

🔨 실증주의

14 범죄행위를 유발하는 범죄원인을 제거하는 것이 **범죄통제**에 효과적이라고 본다.

15 범죄의 연구에 있어서 **체계적**이고 **객관적인** 방법을 추구하여야 한다고 하였다.

16 범죄는 개인의 의지에 의해 선택한 규범침해가 아니라, **과학적**으로 분석가능한 **개인적 · 사회적** 원인에 의해 발생하는 것이라 하였다.

17 범죄행위를 연구하는 데 있어서 **경험적**이고 **과학적**인 접근을 강조한다.

18 범죄행위는 인간이 통제할 수 **없는** 영향력에 의해서 결정된다고 주장한다.

19 페리(Ferri)는 **범죄포화의 법칙**을 주장하였으며 사회적 · 경제적 · 정치적 요소도 범죄의 원인이라고 주장하였다.

20 페리(Ferri)는 **범죄자의 통제 밖에 있는 힘**이 범죄성의 원인이므로 범죄자에게 그들의 행위에 대해 **개인적**으로나 **도덕적**으로 책임을 물어서는 안된다고 주장했다.

21 페리(Ferri)는 범죄의 원인을 **인류학적 요인, 물리적 요인, 사회적 요인**으로 구분하고 이 세 가지 요인이 존재하는 사회에는 이에 상응하는 일정량의 범죄가 발생한다는 **범죄포화의 법칙**을 주장하였다.

22　가로팔로(Garofalo)는 범죄의 원인으로 **심리적 측면**을 중시하여 이타적 정서가 미발달한 사람일수록 범죄를 저지르는 경향이 있다고 하였다.

23　롬브로조(Lombroso)는 이탈리아학파는 **결정론**을 전제로, 자연과학적 방법을 도입하여 범죄원인을 **실증적**으로 분석하였다.

24　롬브로조(Lombroso) : 범죄의 원인을 생물학적으로 분석하여 **격세유전**과 **생래적 범죄인설**을 주장하였다.

25　생래적 범죄인에 대한 대책으로 롬브로조(Lombroso)는 사형을 **찬성**하였지만 페리(Ferri)는 사형을 **반대**하였다.

26　**라까사뉴(A. Lacassagne)**는 사회환경은 범죄의 **배양기**이며, 범죄자는 미생물에 불과하므로 범죄자가 아닌 **사회를 벌해야** 한다.

27　뒤르껨(E. Durkheim)은 사회통합 및 규제와 관련하여 '**자살론**'을 전개하였는데 급격한 사회변동으로 인한 기존 **규범력의 상실**과 혼란에 기인한 자살을 **아노미적 자살**이라 하였고, **이기주의적 자살**은 **사회통합의 약화**로 인해 자신의 욕망에 따라 일어나는 것이라고 주장하였다.

28　리스트(Liszt)의 형벌의 목적은 범죄인을 **개선·교육**하여 그 범죄인이 장차 범죄를 저지르지 않도록 예방하는 데에 있다(**특별예방주의**).

29　리스트(Liszt)는 '**처벌되어야 할 것은 행위가 아니고 행위자**'라는 명제를 제시하였다.

30　리스트(Liszt)는 형벌의 본질은 응보가 아니라 응보 이외의 이성적 목적을 달성, 즉 사회를 방위하기 위하여 **장래의 범죄를 예방하려는 목적**을 가졌기 **때문**에 형벌 그 자체와 목적을 상대적으로 이해하였다.

02 개인적 범죄원인론(생물학적 요인)

01 **덕데일(Dugdale)**은 범죄는 **유전의 결과**라는 견해를 밝힌 대표적인 학자이다.

02 **랑게(Lange)**는 **일란성쌍생아**가 이란성쌍생아보다 **유사한** 행동경향을 보인다고 하였다.

03 **달가드(Dalgard)와 크링그렌(Kringlen)**은 쌍둥이 연구에서 유전적 요인 이외에 **환경적 요인(양육 과정의 차이)**도 함께 고려하여 연구하였으며, 실제 양육과정별 분석상 일치율 차이가 없어 '**범죄발생에 있어 유전적인 요소는 중요하지 않다.**'고 주장하였다.

04 **허칭스(Hutchings)와 메드닉(Mednick)**은 입양아 연구에서 **양부모보다 생부모**의 범죄성이 아이의 범죄성에 더 큰 영향을 준다고 하였다.

05 **허칭스(Hutchings)와 메드닉(Mednick)**의 연구결과에 의하면 입양아는 생부와 양부 둘 중 **한 편만** 범죄인인 경우가 생부와 양부 **모두가** 범죄인인 경우보다 범죄인이 될 가능성이 낮다고 하였다.

06 **크레취머(Kretschmer)**는 체형 중 운동형이 범죄확률이 높다고 하였으며, 절도범이나 사기범 중에는 **세장형**이 많다고 하였다.

07 **제이콥스(Jacobs)**에 의하면 **XYY형**의 사람은 남성성을 나타내는 염색체 이상으로 신장이 크고 지능이 낮으며 정상인들에 비하여 수용시설에 구금되는 비율이 높다고 하였다.

08 제이콥스(Jakobs)는 남성성이 과잉인 **XYY형** 염색체를 가진 사람들이 **폭력적**이고 **강한** 범죄성향을 가진다고 보았다.

이준 마법 교정학

03 개인적 범죄원인론(심리,성격적 요인)

01 **프로이드(Freud)**는 **의식**을 에고(Ego)라고 하고, **무의식**을 이드(Id)와 슈퍼에고(Superego)로 나누었다.

02 **정신분석학**은 개인이 **콤플렉스**에 기한 잠재적인 죄책감과 망상을 극복할 수 없는 경우에 범죄로 나아갈 수 있다고 보았다.

03 **에이크혼(Aichhorn)**에 **비행소년**의 경우 **슈퍼에고**가 제대로 형성되지 않아 **이드**가 전혀 통제되지 못함으로써 이들이 반사회적 행위를 아무런 **양심의 가책없이** 저지르게 된 것으로 보았다.

04 **아이젠크(H. Eysenck)**는 범죄행동과 성격특성 간의 관련성을 **정신병적(정신증적) 경향성**(psychoticism), **외향성(extraversion)**, **신경증(neuroticism)** 등 세 가지 차원에서 설명한다.

05 **프로이트(S. Freud)**는 유아기로부터 성인기로의 사회화과정을 **구순기(oral stage)**, **항문기(anal stage)**, **남근기(phallic stage)**, **잠복기(latency stage)**, **성기기(genital stage)**라는 성심리적 단계(psychosexual stage) 순으로 발전한다고 설명하면서, 이러한 단계별 발전이 건전한 성인으로의 발전을 좌우한다고 주장한다.

06 **콜버그(L. Kohlberg)**는 개인마다 어떤 특정 상황에서 옳다고 판단하는 평가의 기준이 다르고, 이 기준은 도덕발달 단계에 따라 다르다고 주장하며, **도덕발달 단계를 관습 이전 단계와 관습 단계, 관습 이후 단계의 세 단계**로 나누고 그에 따라 인간의 추론 능력도 발전한다고 하였다. 후에 콜버그는 사람들은 도덕적 발달의 여섯 단계들을 거쳐 가게 된다고 내용을 수정하였다.

07 슈나이더의 정신병질 10분법
① **무정성** – 인간의 고등감정이 결여되어 냉혹·잔인함, 범죄학상 가장 문제, 흉악범
② **기분이변성** – 기분동요가 많아 예측 곤란, 방화범, 상해범
③ **발양성** – 경솔하고 불안정성으로 약속남발, 상습사기범, 무전취식자
④ **의지박약성** – 우왕좌왕하며 지능이 낮음, 상습누범자, 성매매여성, 마약중독자
⑤ **광신성(열광성)** – 개인적·이념적 사항에 열중, 종교적 광신자, 정치적 확신범
⑥ **우울성** – 과거의 후회, 장래걱정, 불평등, 자살자, 살인범
⑦ **폭발성** – 자극에 민감하고 병적 흥분자, 충동적 살상범, 폭행범, 모욕범, 손괴범
⑧ **무력성** – 범죄와는 관계가 적은 것으로 본다.
⑨ **자기현시성(과장성, 허영성)** – 자기기망적 허언을 남발, 고등사기범(화이트칼라범죄, 고위층 사칭 사기범죄 등)
⑩ **자신결핍성(자기불확실성)** – 도덕성이 강해 범죄와는 관련이 적음, 강박증세로 인한 살상

08 **정신분석학**은 초기 아동기의 경험과 성적 욕구를 지나치게 강조한다는 **비판**을 받는다.

09 **인성이론**에서 비행이란 인간의 심리적 틀 내에 존재하는 **저변의 갈등**이 표출된 것이라고 말한다.

10 글룩부부는 비행소년과 일반소년 각각 500명에 대해 **로르샤하 테스트(Rorschach test)**를 실시한 결과 **비행소년**은 일반적으로 **외향적**이며 활발하고, **충동적**이며 **자제력**이 약하고, **적대적**이고 화를 잘 내며, **도전적**이고 **의심**이 많고, **파괴적**인 것으로 나타났다.

11 **워렌(Warren)의 대인성숙도(I－Level)** 검사법은 인간관계의 성숙 정도의 발전수준을 **1~7단계**로 나누고, 비행자는 정상자보다 단계가 낮게 나왔으며 특히 **2단계부터 4단계**에서 비행자가 가장 많이 발견되었다.

12 **왈도(Waldo)와 디니츠(Dinitz)**는 MMPI를 이용하여 범죄자의 성격프로그램을 조사하여 범죄자들은 일반인에 비해 **정신병리적** 일탈경향이 강한 성격이라고 특징지을 수 있다고 보았다.

04 사회학적 범죄원인론

[사회해체이론]

01 **쇼우(Shaw)와 맥케이(Mckay)**는 도심과 인접하면서 주거지역에서 상업지역으로 바뀐 이른바 **전이지역(transitional zone)**의 범죄발생률이 지속적으로 높다고 지적하였다.

02 **쇼와 맥케이(C. Shaw & H. McKay)의 사회해체이론**은 지역사회에 새로운 거주자들이 증가하면 과거 이 지역을 지배하였던 여러 사회적 관계가 와해되고 시간이 흐르면서 새로운 관계가 형성되는 **생태학적 과정**을 거친다고 주장한다.

03 **버식(Bursik)과 웹(Webb)**은 지역사회해체를 '**지역사회의 무능력**', 즉 지역사회가 주민들에게 공통된 가치체계를 실현하지 못하고 지역주민들이 공통적으로 겪는 문제를 해결할 수 없는 상태라고 하면서 사회해체의 원인을 **지역이전(population turnover)과 주민 이질성(population heterogeneity)**으로 보았다.

04 **버식(Bursik)과 웹(Webb)**은 사회해체지역에서는 공식적인 행동지배규범(movement- governing rules)이 결핍되어 있으므로 비공식적 감시와 지역주민에 의한 **직접적인 통제**가 **어렵다고** 주장하였다.

05 **사회해체지역**에서는 전통적인 사회통제기관들이 규제력을 **상실**하면서 반가치를 옹호하는 **하위문화**가 형성되나, 주민이동이 많아지면서 지역 사회의 반사회적 문화가 지역에서 계승됨으로써 **특정지역**은 주거민의 변화에도 불구하고 계속적으로 **높은 범죄발생률**을 보인다고 보았다.

06 **사회해체이론**은 지역사회의 **전통적인** 기관들이 주민들의 행동을 규제하지 **못하고**, 지역사회의 공통문제를 **자체적**으로 해결할 수 있는 능력을 **상실**하면 범죄율이 높아진다.

[사회긴장이론(＝아노미이론)]

🕹 머튼의 아노미이론

07 **동조·순응(conformity)**은 문화적 목표와 제도화된 수단을 모두 승인하는 적응방식으로 반사회적인 행위유형이 아니다.

08 **개혁·혁신(innovation)**은 문화적 목표는 승인하지만 제도화된 수단을 부정하는 적응방식으로 마약밀매, 강도, 절도 등이 이에 해당한다.

09 **도피·회피·퇴행형(retreatism)**은 문화적 목표와 제도화된 수단을 모두 부정하고 사회활동을 거부하는 적응방식으로 만성적 알코올 중독자, 약물 중독자, 부랑자 등이 이에 해당한다.

10 **혁명형(반역형, 전복형)** : 기존의 문화적 목표와 제도화된 수단을 모두 거부하면서 동시에 새로운 목표와 수단으로 대치하려는 형태의 적응방식으로 정치범·확신범에게서 나타나는 유형이다.

11 **의례·의식형** : 사회적으로 중하층인, 자기가 하는 일의 목표는 안중에 없고 무사안일하게 절차적 규범이나 규칙만을 준수하는 관료 등

12 머튼(Merton) : 아노미 상황에서 개인의 적응 방식을 **동조형(conformity)**, **혁신형(innovation)**, **의례형(ritualism)**, **도피형(retreatism)**, **반역형(rebellion)**으로 구분하였다.

13 성공목표를 달성하기 위한 수단이 주로 사회경제적 계층에 따라 **차등적**으로 분배되어 **목표와 수단**의 괴리가 커지게 될 때 범죄가 발생한다.

14 **머튼(R. Merton)의 아노미 이론**은 기회구조가 차단된 **하류계층**의 범죄를 설명하는 데에는 **유용**하지만 최근 증가하는 **중산층 범죄나 상류층의 범죄**를 설명하는 데에는 **한계**가 있다.

🔨 에그뉴의 일반긴장이론

15 **개인적 수준**에서의 열망(aspiration)과 기대(expectation) 간의 괴리로 인해 **긴장 및 스트레스가 발생**하고 이는 범죄를 유발하는 요인이 된다.

16 머튼의 아노미이론(긴장이론)에 그 이론적 **뿌리**를 두고 있지만, 머튼의 이론과 달리 계층과 상관없는 **긴장의 개인적, 사회심리학적 원인**을 다루고 있으며, **스트레스와 긴장**을 느끼는 개인이 범죄를 저지르기 쉬운 이유를 설명하는 이론으로 미시적 관점에 해당한다.

17 **목표달성의 실패, 긍정적 자극의 소멸, 부정적 자극**의 발생을 통해 범죄가 유발된다.

18 자신에게 중요한 이성 친구와의 결별이나 실연, 친한 친구나 가족의 사망 등은 **긍정적 자극이 소멸**한 예라 할 수 있다.

19 **같은 수준의 긴장이 주어졌다 하더라도** 모든 사람이 **동일**한 정도로 범죄를 저지르는 것은 아니다.

20 긴장을 경험하는 **모든 사람**이 범죄를 저지른다거나 범죄에 의존하게 되는 것은 **아니다.**

21 긴장의 경험이 **강도**가 강하고 **횟수**가 많을수록 그 충격은 더 커지고 일탈에 빠질 가능성이 **높다고 한다.**

22 **에그뉴(R. Agnew)의 일반긴장이론**은 **스트레스와 긴장**을 느끼는 개인이 범죄를 저지르기 쉬운 이유를 설명하는 이론으로, 긴장의 개인적 영향을 밝히는 데 도움을 주었다.

[범죄적 하위문화이론=문화적 일탈이론, 비행적 부문화 이론]

🔥 하위계층문화이론

23 **밀러(Miller)**는 권위적 존재로부터 벗어나고 다른 사람으로부터 간섭을 받는 것을 혐오하는 자율성(autonomy)이 하위계층의 주된 관심 중 하나라고 한다.

24 밀러(Miller)의 하류계층 하위문화이론은 하류계층의 대체문화가 갖는 상이한 가치는 지배계층의 문화와 갈등을 초래하며, 지배집단의 문화와 가치에 반하는 행위들이 지배계층에 의해 **범죄적 · 일탈적 행위로 간주**된다고 주장한다.

25 밀러(Miller)의 하류계층 하위문화이론은 하류계층의 비행이 반항도 혁신도 아닌 **그들만의 독특한 '관심의 초점'을 따르는 동조행위**라고 보았다.

26 **코헨(Cohen)**은 비행하위문화가 비합리성을 추구하기 때문에 공리성, 합리성을 중요시하는 중심문화와 구별된다고 한다.

27 **코헨(Cohen)**의 비행하위문화이론은 **중산계층이나 상류계층 출신**이 저지르는 비행이나 범죄를 **설명하지 못하는** 한계가 있다.

28 코헨(Cohen)은 비행하위문화의 특징으로 **비공리성, 악의성, 부정성(거부주의), 변덕, 단락적 쾌락주의, 집단자율성의 강조** 경향을 들고 있다.

🔥 클로워드와 올린의 차별적 기회구조이론

29 **클로워드(Cloward)와 올린(Ohlin)**이 제시한 이론은 차별적 기회구조이론이다.

30 **클로워드와 올린(R. Cloward & L. Ohlin)의 차별적 기회구조이론**은 성공하기 위하여 합법적인 수단을 사용할 수 없는 사람들은 **비합법적 수단**을 사용한다는 머튼의 가정에 동조하지 않는다.

31 머튼(Merton)의 **아노미이론**과 서덜랜드(Sutherland)의 **차별적 접촉이론**의 **영향**을 받았다.

32 **불법적 수단**에 대한 접근기회의 차이가 그 지역의 비행적 하위문화의 성격 및 비행의 종류에 영향을 미친다고 한다.

33 아노미현상을 비행적 하위문화의 촉발요인으로 본다는 점에서 **머튼(Merton)의 영향을 받았으나**, 성공이나 출세를 위히어 합법적 수단을 사용할 수 없는 사람들은 바로 비합법적 수단을 사용할 것이라는 **머튼의 가정에 동의하지 않는다.**

34　비행적 하위문화로 **범죄적** 하위문화, **갈등적** 하위문화, **도피적** 하위문화 등 세 가지를 제시하고, 범죄적 가치나 지식을 습득할 기회가 가장 많은 문화는 범죄적 하위문화라고 주장하였다.

35　**문화갈등이론**은 범죄는 하나의 단일문화가 독특한 행위규범을 갖는 **여러 개**의 상이한 하위문화로 분화될 때, 사람들이 자신이 속한 문화의 **행위규범**을 따르다 보면 발생할 수 있다.

[사회학습이론]

36　**서덜랜드(Sutherland)의 차별적 접촉이론**에 따르면 범죄행위는 타인과의 **의사소통**을 통한 상호작용으로 학습된다.

37　**글래저(Glaser)의 차별적 동일시이론**에 따르면 범죄자와의 **직접적인 접촉이 없이도** 범죄행위의 **학습**이 가능하다.

38　**글레이저(Glaser)**에 따르면 범죄를 학습하는 과정에 있어서는 **누구와 자신을 동일시하는지** 또는 자기의 행동을 평가하는 준거집단의 성격이 어떠한지보다는 직접적인 대면접촉이 더욱 중요하게 작용한다.

39　**버제스(Burgess)와 에이커스(Akers)의 차별적 강화이론**도 차별적 접촉이론과 마찬가지로 범죄행위의 학습에 **기초**하고 있다.

40　버제스(Burgess)와 에이커스(Akers)에 따르면 범죄행위를 학습하는 과정은 과거에 이러한 행위를 하였을 때에 주위로부터 칭찬, 인정, 더 나은 대우를 받는 등의 **보상**이 있었기 때문이다.

41　**타르드(Tarde)**는 인간은 **다른 사람들과 접촉하면서 관념을 학습**하며, 행위는 **자신이 학습한 관념으로부터 유래**한다고 주장하였다.

🖊 서덜랜드의 차별적 접촉이론

42　법 위반에 우호적인 대상과 반드시 대면적 접촉을 필요로 하는 것은 아니므로 영화나 소설 등을 통한 **간접적인 접촉**을 통해서도 범죄행동을 **모방**할 수 있다.

43　비행은 주위 사람들로부터 학습되지만 학습원리, 즉 **강화의 원리**에 의해 학습된다.

44　서덜랜드(Sutherland)에 따르면 범죄자와 비범죄자의 차이는 **접촉유형의 차이가 아니라 학습과정의 차이**에서 발생한다.

45 범죄행위는 의사소통과정에 있는 **다른 사람과의 상호작용**을 수행하는 과정에서 학습된다는 이론으로, 범죄행위는 **유전적**인 요인과는 **관계가 없다.**

46 법에 대한 비우호적 정의가 우호적 정의보다 클 때 범죄를 실행한다는 이론으로, 개인이 처한 **경제적** 위치와 **차별 경험**은 관계가 **없다.**

47 범죄는 최우선적인 접촉대상인 부모, 가족, 친구 등 **직접적인 친밀 집단**과의 접촉과정에서 학습한다(라디오·TV·영화·신문·잡지 등과 같은 비인격적 매체는 범죄행위의 학습과 크게 관련이 없다) — **제3명제**

48 차별적 접촉은 접촉의 **빈도·기간·시기·강도**에 따라 다르다. 즉 접촉의 빈도가 많고 길수록 학습의 영향은 더 커지고, 시기가 빠를수록 접촉의 강도가 클수록 더 강하게 학습된다. — **제7명제**

49 범죄자와 준법자와의 차이는 **접촉유형**에 있을 뿐 학습이 진행되는 **과정**에는 아무런 차이가 **없다.**
    — **제8명제**

[사회통제이론]

50 '범죄의 원인은 무엇인가?'의 물음에서 '왜 대부분의 사람들은 일탈하지 않고 사회규범에 동조하는가?'의 물음에 관한 이론으로 누구나 범죄 또는 일탈동기를 가지고 있으나 **개인**이나 **사회적 통제**에 의해 **제지**되고 있다는 이론이다.

51 **라이스(A. Reiss)** — 소년비행의 원인을 **낮은** 자기통제력에서 찾았다.

52 **레크리스(W. Reckless)** — 청소년이 범죄환경의 압력을 극복한 것은 **강한 자아상** 때문이다.

53 **레크리스(Reckless)의 봉쇄이론**은 내부적·외부적 통제개념에 기초하여 **범죄유발요인과 범죄차단요인**으로 나누고, 만약 범죄를 **이끄는 힘**이 **차단**하는 힘보다 강하면 범죄나 **비행을 저지르게** 되고, **차단하는 힘이 강하면** 비록 이끄는 힘이 있더라도 범죄나 **비행을 자제**한다는 것이다.

54 **나이(Nye)**는 사회통제 방법을 **직접**통제, **간접**통제, **내부**통제로 나누고, **소년비행**예방에 가장 효율적인 방법은 **내부통제**라고 보았다.

55 통제이론은 사회적 상호작용과정에서 행해지는 주위 사람들의 **반응**이 범죄 문제를 더욱 **악화**시킨다고 본다.

56 통제이론은 특히 **하층계급**의 중범죄를 설명하는 데 **적절하다.**

57　**통제이론**은 인간은 범죄성을 본질적으로 지니고 있기 때문에 그대로 두면 **누구든**지 범죄를 저지를 것이라는 **가정**에서 출발한다.

58　레크리스(Reckless)는 봉쇄(견제)이론에 대한 설명이다. 내부적·외부적 통제개념에 기초하여 범죄유발요인과 범죄차단요인으로 나누고, **만약 범죄를 이끄는 힘이 차단하는 힘보다 강하면 범죄나 비행을 저지르게 되고, 차단하는 힘이 강하면 비록 이끄는 힘이 있더라도 범죄나 비행을 자제**한다는 것이다.

🔨 사이크스(Sykes)와 맛차(Matza)의 중화기술이론

59　**사이크스(Sykes)와 맛짜(Matza)**에 의하면 비행소년들이 범죄자와 접촉하는 과정에서 전통의 규범을 **중화시키는 기술**을 습득하게 된다고 한다.

60　중화기술 유형

구 분	내 용
책임의 부정	**의도적인 것이 아니었거나 자기의 잘못이 아니라 주거환경, 친구 등에 책임을 전가**하거나 또는 자신도 자기를 통제할 수 없는 외부세력의 피해자라고 여기는 경우가 이에 해당한다(**사람·환경에 책임 전가하는 것**).
가해(손상)의 부정	**훔친 것을 빌린 것**이라고 하는 등 자신의 행위가 위법한 것일지는 몰라도 실제로 자신의 행위로 인하여 손상을 입은 사람은 아무도 없다고 주장하며 합리화하는 경우가 이에 해당한다(**자신의 범죄사실을 부정하는 것**).
피해자의 부정	**자신의 행위가 피해를 유발한 것은 인정하지만 그 피해는 당해야 마땅한 사람에 대한 일종의 정의로운 응징이라고 주장**하거나(도덕적 복수자) 또는 피해를 본 사람이 노출되지 않은 경우에 피해자의 권리를 무시함으로써 중화시키는 것을 말한다(범행 행위의 원인을 피해자가 제공).
비난자에 대한 비난	**자신을 비난하는 사람, 즉 경찰·기성세대·부모·선생님 등이 더 나쁜 사람이면서 소년 자신의 작은 잘못을 비난하는 것은 모순**이라는 식으로 합리화해 가는 것을 말한다.
상위가치에 대한 호소 (고도의 충성심에의 호소)	자신의 행위가 옳지는 않지만 친구 등 중요한 **개인적 친근집단에 대한 충성심이나 의리에서 어쩔 수 없었다는 주장**으로 중화시키는 것을 말한다.

🔨 허쉬의 사회유대(연대, 결속)이론

61　모든 사람을 **잠재적 법위반자**라고 가정한다.

62　**신념(belief)**은 내적 통제를 의미하는 것으로 사람들마다 사회규범을 준수해야 한다고 믿는 정도에는 차이가 있고 규범에 대한 **믿음이 약할수록** 비행이나 범죄를 저지를 가능성이 높다고 보았다.

63 **애착(attachment)**은 개인이 다른 사람과 맺는 감성과 관심으로, 이를 통해서 청소년은 범죄를 **스스로 억누르게 되는 것**을 말한다.

64 **관여 또는 전념(commitment)**은 관습적 활동에 소비하는 **시간 · 에너지 · 노력** 등으로, 시간과 노력을 투자할수록 비행을 저지름으로써 **잃게 되는 손실**이 커져 비행을 저지르지 않는 것을 말한다.

65 **참여(involvement)**는 관습적 **활동 또는 일상적 활동에 열중**하는 것으로, 참여가 높을수록 범죄에 빠질 기회와 시간이 적어져 범죄를 저지를 가능성이 감소되는 것을 말한다.

66 **허쉬(Hirschi)**는 개인의 사회적 활동에 대한 **참여**가 낮을수록 일탈행동의 기회가 **증가**하여 비행이나 범죄를 저지를 가능성이 많다고 보았다.

67 **허쉬(T. Hirschi)는** 범죄행위의 시작이 사회와의 **유대 약화**에 있다고 보았다.

[사회반응이론]

🔖 낙인이론

68 일탈 · 범죄행위에 대한 **공식적 · 비공식적** 통제기관의 반응(reaction)과 이에 대해 일탈 · 범죄행위자 스스로가 정의(definition)하는 **자기관념**에 주목한다.

69 **비공식적** 통제기관의 **낙인**, 공식적 **통제기관**의 처벌이 **2차 일탈** · 범죄의 중요한 동기로 작용한다고 본다.

70 형사정책상 의도하는 바는 **비범죄화, 탈시설화** 등이다.

71 공식적 처벌이 가지는 긍정적 효과보다는 **부정적** 효과에 **주목**하였다.

72 범죄자에 대한 시설 내 처우의 축소와 **사회 내 처우의 확대**를 주장하였다.

73 사회적 위험성이 **없는** 행위는 범죄목록에서 **제외**해야 한다고 주장하였다.

74 레머트(Lemert)는 1차적 일탈에 대한 **부정적 사회반응**이 2차적 일탈을 만들어 낸다고 하였다.

75 **레머트(Lemert)**에 의하면 **이차적** 일탈은 일반적으로 **오래 지속**되며, 행위자의 정체성이나 사회적 역할들의 수행에 중요한 영향을 미친다.

76 **레머트(E. Lemert)의 낙인이론**은 특히 관심을 두고 분석한 사항은 2차적 일탈에 관한 것으로, 사회 반응의 종류를 크게 **사회구성원**에 의한 반응과 **사법기관**에 의한 공식적인 반응으로 나누었다. 사회적 반응 중에서 특히 사법기관에 의한 공식적인 반응은 일상생활에서 행해지는 비공식적 반응들보다 심각한 낙인효과를 끼쳐 **1차적 일탈자가 2차적 일탈자로 발전**하게 된다고 하였다.

77 **레머트(E. Lemert)**는 **1차적 일탈**에 대하여 부여된 사회적 낙인으로 인해 일탈적 **자아개념**이 형성되고, 이 자아개념이 **직접 범죄**를 유발하는 요인으로 작용하여 **2차적 일탈**이 발생된다고 하였다.

78 **레머트(Lemert)**에 따르면, **1차적 일탈**에 대한 사회적 반응이 **2차적 일탈**을 저지르게 한다.

79 **탄넨바움(Tannenbaum)**에 따르면, 청소년의 사소한 비행에 대한 **사회의 부정적 반응**이 그 청소년으로 하여금 **자신을 부정적인 사람**으로 인식하게 한다.

80 **탄넨바움(F. Tanenbaum)**은 공공에 의해 부여된 범죄자라는 꼬리표에 비행소년 스스로가 자신을 동일시하고 그에 부합하는 역할을 수행하게 되는 과정을 '**악의 극화(dramatization of evil)**'라고 하였다.

81 **베커(Becker)**에 따르면, 일탈자라는 낙인은 그 사람의 사회적 지위와 타인과의 상호작용에 **부정적인** 영향을 미친다.

82 **베커(H. Becker)**는 금지된 행동에 대한 사회적 반응이 2차적 일탈을 부추길 뿐 아니라 사회집단이 만든 규율을 특정인이 위반한 경우 '**이방인(outsider)**'으로 낙인찍음으로써 일탈을 창조한다고 하였다.

83 **베커(Becker)**는 일탈자의 지위는 다른 대부분의 지위보다도 더 중요한 지위가 된다고 하였다.

84 **슈어(E. Schur)**는 **자기관념으로부터의 일탈**을 통해 사회적 낙인보다 스스로 일탈자라고 규정함으로써 **2차적 일탈**에 이르는 경우도 있다는 점을 강조하고(내적인 자아낙인 강조), **불간섭주의**를 대책으로 제시하였다.

05 갈등론적 범죄이론(비판범죄론)

갈등이론

01 **셸린(T. Sellin)의 문화갈등론** - 문화갈등에 따른 **행위규범**의 갈등은 **심리적** 갈등의 원인이 되고, 나아가 범죄의 원인이 된다.

02 셸린(Sellin)은 동일한 문화 안에서 사회변화에 의하여 갈등이 생기는 경우를 **2차적(종적) 문화갈등**이라 보고, 상이한 문화 안에서 갈등이 생기는 경우를 **1차적(횡적) 문화갈등**으로 보았다.

03 **볼드(G. Vold)의 집단갈등론** - 범죄는 **집단 사이**에 갈등이 일어나고 있는 상황에서 자신들의 이익과 목적을 제대로 방어하지 못한 집단의 구성원들이 **자기의 이익**을 추구하기 위해 표출하는 행위이다.

04 **봉거(W. Bonger)의 급진적 갈등론** - 마르크스주의의 입장에서 범죄 원인론을 처음으로 체계화한 이론으로, 롬브로조의 범죄생물학에 **대항**하여 범죄 원인을 **경제적** 이유에서 찾았다. 봉거는 범죄에 영향을 미치는 것은 **부의 불평등한 분배**의 문제로 자본주의 사회는 경제영역에서 소수가 다수를 지배하는 체계로서 범죄는 **하위계층에 집중**되며 부의 재분배가 가능한 **사회주의** 사회가 되면 궁극적으로 범죄가 없어진다고 보았다.

05 **터크(A. Turk)의 범죄화론** - 사회적으로 **권력이 있는 집단**이 하층계급의 사람들에게 그들의 실제 행동과는 관계없이 범죄자라는 신분을 부여할 수 있다는 측면에서 피지배집단의 범죄현상을 이해한다.

비판범죄학

06 **비판범죄학**의 기초가 되는 마르크스(Marx)는 범죄발생의 원인을 **계급 갈등**과 **경제적 불평등**으로 설명하고, 생활에 필요한 물적 자산을 충분히 갖지 못한 **피지배계급**이 물적 자산 내지 지배적 지위에 **기존사회가 허락하지 않는 방법**으로 접근하는 행위를 범죄로 인식했다.

07 **봉거(Bonger)**는 사법체계가 **가진 자에게는** 그들의 욕망을 달성할 수 있는 합법적인 수단을 허용하는 반면, **가난한 자에게는** 이러한 기회를 허용하지 않기 때문에 범죄는 하위계급에 집중된다고 주장했다.

08 **퀴니(Quinney)**는 초기 연구는 다양한 집단들의 **갈등현상**을 다루었으나, 후기 연구에서는 보다 **마르크스주의적 관점**을 취하였다.

09 **볼드(Vold)**는 집단갈등이 **입법정책** 영역에서 가장 첨예하게 나타난다고 보았다.

10 **비판범죄학**에는 노동력 착취, 인종차별, 성차별 등과 같이 **인권을 침해**하는 사회제도가 범죄적이라고 평가하는 **인도주의적 입장**도 있다.

06 발달범죄론

01 심리학자 **모핏(Moffitt)**은 범죄자를 **청소년한정형** 범죄자와 **인생지속형** 범죄자로 분류하면서 이들 중 인생지속형 범죄자는 아주 **이른 나이**에 비행을 시작하고 성인이 되어서도 범죄를 **지속**하는 유형이라고 정의하였다.

02 **잠재적특질이론**은 인간의 발달이 **출생 시**나 **출생 직후**에 나타나는 주된 속성에 따라 결정된다고 주장한다.

03 **인생항로이론**은 인간이 **성숙**해 가면서 그들의 행위에 영향을 주는 요인도 변화한다는 사실을 인정한다.

04 인생항로이론은 **첫** 비행의 시기가 **빠르면** 향후 **심각한** 범죄를 저지를 것이라고 가정한다.

05 **갓프레드슨과 허쉬(Gottfredson & Hirschi) 일반이론**은 모든 범죄의 원인은 '**낮은 자기통제력**' 때문이며, 이러한 '**자기통제력**'은 아동기에 **형성**된다.

06 **샘슨(R.J. Sampson)과 라웁(J.H. Laub) 나이등급이론**은 청소년기에 비행을 저지른 아이들도 사회유대 혹은 사회자본의 형성을 통해 취업과 결혼으로 가정을 이루는 인생의 전환점을 만들면 성인이 되어 정상인으로 돌아가게 된다고 주장하였다.

07 **모피트(T. Moffitt) 인생지속형 범죄자**는 어려서 문제행동을 보인 아동은 부모와의 유대가 약화되고, 학교에 적응하지 못하며, 성인이 되어서도 범죄를 저지르게 되므로, 후에 사회와의 유대가 회복되더라도 비행을 중단하지 않고 생애 지속적인 범죄자로 남게 된다.

08 **콜빈(Colvin)**은 낮은 자기 통제력이 「범죄와 강압」에서 **개인이 강압(coercion)**이라고 하는 거대한 사회적 힘을 경험함으로써 낮은 자기 통제력 상태에 있게 된다고 주장한다. 다시 말해, 개인의 낮은 통제력은 충동적 성격이 원인이 아니라 **개인으로서도 어쩔 수 없는 강력한 힘의 작용이 원인**이라는 것이다.

Chapter 03 범죄피해자

01 피해자학

01 엘렌베르거(Ellenberger)는 피해자 유형을 **일반적** 피해자성과 **잠재적** 피해자성으로 나누며, 피학대자를 잠재적 피해자성으로 분류한다.

02 헨티히(Hentig)는 피해자 유형을 **일반적** 피해자와 **심리학적** 피해자로 나누며, 심신장애자를 일반적 피해자로 분류한다.

03 멘델존(Mendelsohn)은 피해자 유형을 피해자측의 **귀책성** 여부에 따라 나누며, 영아살해죄의 영아를 완전히 유책성이 없는 피해자로 분류한다.

04 레크리스(Reckless)는 피해자 유형을 피해자의 **도발유무**를 기준으로 하여 **순수한** 피해자와 **도발한** 피해자로 나눈다.

05 멘델존(Mendelsohn)은 범죄발생에 있어 귀책성의 정도에 따라 피해자를 구분하였고, **엘렌베르거(Ellenberger)**는 심리학적 기준에 따라 피해자를 분류하였다.

06 「범죄피해자 보호법」은 사람의 생명 또는 신체를 해치는 죄에 해당하는 행위로 인하여 **사망하거나 장해 또는 중상해를 입은 것을 구조대상 범죄피해로 규정**하고 있으므로, 대인범죄 피해자에 대해서만 구조대상으로 하고 있다.

07 **미테(Mieth)와 메이어(Meier)의 구조적 선택모형이론**에 의하면 생활양식·노출이론과 일상활동이론을 통합하여 범죄발생의 네 가지 요인을 범행기회와 대상선택이라는 두 가지 관점으로 압축했다.

08 **클라크(Clarke)와 코니쉬(Gornish)의 표적선택과정이론**에 의하면 사고하는 범죄자의 범죄선택이라는 측면에 초점을 두고 범죄자가 범행을 결정하고 실제 범행을 저지르는 범행동기에 관심을 둔다.

09 **휴(Hough)의 선정모형**에 의하면 나이·성별·사회적 계급 등의 인구학적 특성이 직업·소득·거주지역 등 사람의 생활양식의 구조적 특징을 결정하고 나아가서 이것이 그 사람의 일상생활에도 영향을 미친다.

02 피해자 보호제도

01 **정당행위나 정당방위**에 의해 처벌되지 아니하는 행위로 인한 피해는 구조대상 범죄피해에서 **제외한다.**

02 「범죄피해자 보호법」에서는 사람의 **생명 또는 신체**를 해치는 죄에 해당하는 행위로 인하여 **사망**하거나 **장해** 또는 **중상해**를 입은 것을 **구조대상 범죄피해**로 규정하고 있으므로(범죄피해자 보호법 제3조 제1항 제4호), **대인범죄** 피해자에 대해서만 구조대상으로 하고 있다.

03 구조금 지급 신청은 해당 구조대상 범죄피해의 발생을 안 날부터 **3년**이 지나거나 해당 구조대상 범죄피해가 발생한 날부터 **10년**이 지나면 **할 수 없다.**

04 구조금을 받을 권리는 그 구조결정이 해당 신청인에게 송달된 날부터 **2년간** 행사하지 아니하면 **시효**로 인하여 **소멸된다.**

05 **배상명령**은 피고사건의 범죄행위로 발생한 직접적인 물적 피해, 치료비 손해와 위자료에 대하여 피고인에게 배상을 명함으로써 간편하고 신속하게 피해자의 **피해회복**을 도모하고자 하는 제도이다.

🔮 범죄피해자 보호법

06 구조금은 **유족구조금, 장해구조금 및 중상해구조금**으로 구분하며, **일시금으로 지급**한다.

07 구조금을 받을 권리는 **양도**하거나 **담보**로 제공하거나 **압류할 수 없다.**

08 「형법」상 **형사미성년자, 심신상실자, 강요된 행위, 긴급피난**에 의해 처벌되지 아니하는 행위로 인한 피해는 구조대상 범죄피해에 **포함**하며, 「형법」상 **정당행위나 정당방위**에 의해 처벌되지 아니하는 행위 및 **과실**에 의한 행위로 인한 피해는 구조대상 범죄피해에서 **제외**한다.

09 「범죄피해자 보호법」은 외국인이 구조피해자이거나 유족인 경우에는 해당 **국가의 상호보증**이 있는 경우에만 적용한다.

10 유족구조금을 지급받을 수 있는 유족의 범위에서 **태아**는 구조피해자가 사망할 때 **이미 출생한 것**으로 본다.

11 국가는 구조피해자나 유족이 해당 구조대상 범죄피해를 원인으로 하여 **손해배상을 받았으면** 그 범위에서 구조금을 **지급하지 아니한다.**

12 범죄행위 당시 구조피해자와 가해자가 **사실상 혼인관계**에 있는 경우 구조금을 **지급하지 않는 것이 원칙**이지만, **지급하지 않는 것이 사회통념에 위배된다고** 인정할 만한 특별한 사정이 있는 경우에는 구조금의 **전부 또는 일부를 지급할 수 있다.**

13 구조피해자의 사망 당시 구조피해자의 수입으로 생계를 유지하고 있지 않은 **구조피해자의 자녀, 부모, 손자 · 손녀, 조부모 및 형제자매**도 유족구조금의 지급대상인 유족에 해당한다.

14 유족구조금을 받을 유족 중 부모의 경우 **양부모를 선순위**로 하고 **친부모를 후순위**로 한다.

15 **형사조정 회부제외사유**
① 피의자가 **도주하거나 증거를 인멸**할 염려가 있는 경우
② **공소시효**의 완성이 임박한 경우
③ **불기소처분**의 사유에 해당함이 명백한 경우(**다만, 기소유예처분의 사유에 해당하는 경우는 제외한다.**)

🏛 소송촉진법

16 「소송촉진 등에 관한 특례법」 제25조 제1항에 따른 배상명령은 피고사건의 범죄행위로 발생한 직접적인 물적 피해, 치료비 손해와 위자료에 대하여 피고인에게 배상을 명함으로써 간편하고 신속하게 **피해자의 피해회복을 도모**하고자 하는 제도이다.

17 배상신청은 항소심 공판의 **변론이 종결되기 전까지** 피해자나 그 상속인이 신청할 수 있다. 다만, 다른 절차에 따른 손해배상 청구가 법원에 계속 중일 때에는 배상신청을 할 수 없다.

18 **배상명령**은 유죄판결의 선고와 **동시에** 하여야 한다. 배상명령은 일정액의 금전 지급을 명함으로써 하고 배상의 대상과 금액을 유죄판결의 주문에 표시하여야 한다. 배상명령의 이유는 특히 필요하다고 인정되는 경우가 아니면 적지 아니한다.

19 유죄판결에 대한 상소가 제기된 경우에는 배상명령은 피고사건과 함께 **상소심으로 이심**된다. 상소심에서 원심판결을 유지하는 경우에도 원심의 배상명령을 **취소하거나 변경할 수 있다.**

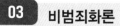

03 비범죄화론

01 **다이버전**은 형사사법기관이 통상적인 형사절차를 **대체**하는 절차를 활용하여 범죄인을 처리하는 제도를 말한다.

02 공식적인 형사처벌로 인한 **낙인효과를 최소화**하려는 목적을 갖고 있다.

03 다이버전은 주체별로 '**경찰**에 의한 다이버전', '**검찰**에 의한 다이버전', '**법원**에 의한 다이버전' 등으로 분류하는 경우도 있다.

04 경미범죄에 대한 경찰의 훈방조치 내지 지도장 발부, 범칙금 납부제도 등은 넓은 의미의 **비범죄화의 일환**이다.

05 **보석이나 구속적부심사제도**는 통상의 형사절차에 해당한다는 점에서 다이버전의 한 예라고 볼 수 **없다.**

06 사회통제망의 확대는 다이버전의 등장으로 인하여 그동안 형사사법의 대상조차 되지 않았던 문제가 통제대상이 되어 오히려 사회적 통제가 **강화**될 우려가 있다.

07 형사사법기관이 통상의 형사절차를 중단하고 이를 **대체**하는 새로운 절차로 이행하는 것으로, 성인형사사법보다 **소년형사사법**에서 그 필요성이 더욱 강조된다.

08 기존의 사회통제체계가 낙인효과로 인해 범죄문제를 해결하기보다는 오히려 **악화시킨다는 가정**에서 출발하고 있다.

09 다이버전의 장점과 단점

장점	단점
① 정식의 형사절차보다 경제적인 방법으로 범죄문제를 처리할 수 있고, 범죄자에 대한 보다 **인도적인 처우방법**이다. ② 범죄자를 전과자로 낙인찍는 **낙인효과를 줄일 수** 있다. ③ **형사사법기관의 업무량을 줄여** 상대적으로 중요한 범죄사건에 집중할 수 있도록 한다.	① **사회통제망의 확대** : 다이버전의 등장으로 인하여 그동안 형사사법의 대상조차 되지 않았던 문제가 통제대상이 되어 오히려 사회적 통제가 강화될 우려가 있다. ② 형벌의 고통을 감소시켜 오히려 **재범의 위험성을 증가**시킬 수 있다. ③ 범죄원인 제거에는 **큰 효과가 없다는 비판**이 있다. ④ 선별적 법집행으로 인하여 **형사사법의 불평등**을 가져올 수 있다. ⑤ 다이버전은 재판절차 전 형사개입이라는 점에서 **또 다른 형사사법절차의 창출**이라는 비판도 있다.

01 범죄예방과 범죄예측

[범죄예방]

🔨 환경범죄학

01 범죄사건을 **가해자, 피해자**, 특정 **시공간상**에 설정된 법체계 등의 **범죄환경**을 통해 설명하였다.

02 **제프리**(Jeffery)는 사회환경개선을 통한 범죄예방모델로 **환경설계를 통한 범죄예방(CPTED)**을 제시하였다.

03 환경범죄학의 다양한 범죄분석 기법은 **정보주도 경찰활동**(Intelligence-Led Policing : ILP)에 활용되고 있다.

🔨 브랜팅햄의 범죄패턴이론

04 **개인**은 의사결정을 통해 일련의 행동을 하게 되는데, 활동들이 **반복**되는 경우 의사결정과정은 **규칙화**된다.

05 범죄자들은 평범한 **일상생활** 속에서 범행 기회와 **조우**하게 된다.

06 잠재적 피해자는 잠재적 범죄자의 활동공간과 **교차**하는 활동공간이나 **위치**를 갖는다.

07 사람들이 활동하기 위해 움직이고 이동하는 것과 관련하여 **축**(교차점, nodes), **통로**(경로, paths), **가장자리**(edges)의 세 가지 개념을 제시한다.

08 범죄자는 일반인과 같은 **정상적인** 시공간적 행동패턴을 갖는다.

🔨 윌슨과 켈링의 깨진유리창이론

09 종래의 형사정책이 범죄자 개인에 집중하는 개인주의적 관점을 취한다는 점을 비판하고, **공동체적 관점**으로의 전환을 주장한다.

10　**경찰**의 역할로서 지역사회의 물리적·사회적 무질서를 집중적으로 다룰 것을 강조한다.

11　개인의 **자유와 권리, 법의 지배**라는 기본적 가치가 상실될 수 있다는 비판의 소지가 있다.

[범죄예측]

12　**수사단계**에서의 범죄예측은 **수사**를 종결하면서 범죄자에 대한 처분을 내리는 데에 중요한 역할을 할 수 있다.

13　범죄예측은 수사종결처분, 양형의 산정, 가석방 결정 등에 필요한 범죄예측은 교정시설의 **과밀화 현상**을 해소하는 데에 **기여**될 수 있다.

14　범죄예측의 방법 중 '**임상적 예측법(경험적 예측법)**'은 대상자의 범죄성향을 임상전문가가 종합분석하여 대상자의 범죄가능성을 판단하는 것이므로 대상자의 특성을 **집중관찰**할 수 있는 장점이 있다.

15　범죄예측의 방법 중 '**통계적 예측법**'은 여러 자료를 통하여 범죄예측요인을 수량화함으로써 점수의 비중에 따라 **범죄 또는 비행**을 예측하는 것으로 **점수법**이라고도 한다.

16　**통계적 예측법**은 전체적 평가법에서 범하기 쉬운 **객관성 문제를 개선**하기 위해 개발된 방법이다.

17　**전체적 평가법** 또는 임상적 예측법은 범죄자의 소질과 인격에 대한 상황을 분석하여 범죄자의 범죄성향을 **임상적 경험**에 의하여 예측하는 방법이다.

18　**가석방 시의 예측**은 가석방을 결정할 때 그 대상자의 **재범위험성 등을 예측**하는 것으로, 과거에는 수용생활 중의 성적을 위주로 하여 가석방 여부를 결정하였으나, 최근에는 수용성적뿐만 아니라 사회복귀 후의 환경 등을 고려하여 가석방 여부를 결정한다.

19　**통계적 예측방법**은 범죄자의 특징을 **계량화**하여 그 점수의 많고 적음에 따라 **장래의 범죄활동**을 **예측**하는 것이다.

20　**직관적 예측방법**은 형사사법종사자들의 **직업경험** 등에 의한 인간의 보편적인 직관적 예측능력에 기초한 예측으로, 전문성의 결여 및 객관적 기준확보가 곤란하고 허위긍정의 예측오류가능성이 높다.

21　**임상적 예측법**은 판단자의 **주관적 평가의 개입가능성**이 있어 객관성이 결여될 수 있고, 판단자의 자료해석의 오류가능성, **비용이 많이 소요된다.**

02 재산형제도

01 **500만 원** 이하의 벌금형이 확정된 벌금 미납자는 검사의 납부명령일부터 **30일 이내**(검사로부터 벌금의 일부납부 또는 납부연기를 허가받은 자는 그 허가기한 내)에 사회봉사를 **신청할 수 있지만, 징역 또는 금고와 동시에 벌금을 선고받은 경우에는** 사회봉사를 **신청할 수 없다.**

02 벌금을 선고할 때에는 **동시**에 그 금액을 완납할 때까지 **노역장**에 유치할 것을 **명할 수 있다.**

03 선고하는 벌금이 **1억원 이상 5억원 미만인 경우**에는 **300일 이상**, 5억원 이상 50억원 미만인 경우에는 **500일 이상**, 50억원 이상인 경우에는 **1천일 이상**의 노역장 유치기간을 정하여야 한다.

04 벌금형의 확정판결을 선고받은 자는 **검사**의 허가를 받아 벌금을 **분할** 납부하거나 납부를 **연기**받을 수 있다.

05 벌금은 **5만원 이상**으로 하되 **감경**하는 경우에는 **5만원 미만**으로 할 수 있으며, **과료는 2천원 이상 5만원 미만**으로 한다.

06 벌금을 납입하지 아니한 자는 **1일 이상 3년 이하**, 과료를 납입하지 아니한 자는 **1일 이상 30일 미만의 기간 노역장에 유치**하여 작업에 복무하게 한다.

07 사회봉사는 **1일 9시간**을 넘겨 집행할 수 **없다.** 다만, 사회봉사의 내용상 연속집행의 필요성이 있어 보호관찰관이 승낙하고 사회봉사 대상자가 분명히 **동의한 경우에만** 연장하여 집행할 수 있다.

08 사회봉사의 집행은 사회봉사가 허가된 날부터 **6개월** 이내에 마쳐야 한다. 다만, 보호관찰관은 특별한 사정이 있으면 검사의 허가를 받아 **6개월의 범위**에서 **한 번** 그 기간을 **연장**하여 집행할 수 있다.

09 법원은 사회봉사를 허가하는 경우 벌금 미납액에 의하여 계산된 노역장 유치 기간에 상응하는 사회봉사시간을 산정하여야 하나, 산정된 사회봉사시간 중 **1시간 미만은 집행하지 아니한다.**

10 **과료**의 선고를 받은 사람이 그 금액의 일부를 납입한 경우에는 과료액과 노역장 유치기간의 일수에 비례하여 납입금액에 해당하는 일수를 **뺀다.**

11 **500만원 이하**의 벌금의 형을 선고할 경우에 「형법」 제51조의 사항을 참작하여 그 정상에 참작할 만한 사유가 있는 때에는 **1년 이상 5년 이하**의 기간 형의 집행을 **유예할 수 있다.**

03 보호관찰법

01 보호관찰 대상자 **일반준수사항**
① 주거지에 상주하고 **생업**에 종사할 것
② 범죄로 이어지기 쉬운 나쁜 습관을 버리고 선행을 하며 범죄를 저지를 염려가 있는 사람들과 **교제**하거나 어울리지 말 것
③ 보호관찰관의 지도·감독에 따르고 **방문**하면 응대할 것
④ 주거를 이전하거나 **1개월 이상 국내외 여행**을 할 때에는 미리 보호관찰관에게 신고할 것

02 「형법」상 보호관찰을 조건으로 **형의 집행유예**를 받은 자 − **집행을 유예한 기간. 다만**, 법원이 유예기간의 범위 내에서 보호관찰기간을 따로 정하는 경우에는 그 기간

03 「형법」상 **형의 선고를 유예**하는 경우에 재범방지를 위하여 지도 및 원호가 필요한 자 − **1년**

04 「소년법」상 **단기보호관찰** 처분을 받은 자 − **1년**

05 **보호관찰소의 장**은 보호관찰 대상자가 일정한 주거가 없는 경우, 준수사항을 위반하였다고 의심할 상당한 이유가 있다는 이유만으로도 구인장을 발부받아 보호관찰 대상자를 구인할 수 있다.

06 **보호관찰소의 장**은 보호관찰 대상자를 **긴급구인**한 경우에는 긴급구인서를 작성하여 **즉시 관할 지방검찰청 검사**의 승인을 받아야 하고(동법 제40조 제2항), 긴급구인승인신청은 보호관찰대상자를 구인한 때부터 **12시간 이내**에 하여야 하며(동법 시행령 제26조 제1항), 보호관찰소의 장은 검사의 승인을 받지 못하면 즉시 보호관찰 대상자를 **석방하여야 한다**(동법 제40조 제3항).

07 보호관찰소의 장은 보호관찰 대상자를 **구인 또는 긴급구인**하였을 때에는 유치 허가를 청구한 경우를 제외하고는 구인한 때부터 **48시간 이내**에 석방하여야 한다. 다만, 유치 허가를 받지 못하면 **즉시** 보호관찰 대상자를 **석방하여야 한다**(동법 제41조).

08 보호관찰소의 장은 **유치** 허가를 받은 때부터 **24시간 이내**에 유치 사유에 따른 신청을 하여야 한다.

09 유치의 기간은 구인 또는 긴급구인한 날부터 **20일**로 한다.

10 법원은 보호관찰을 조건으로 한 형의 **선고유예**의 실효 및 **집행유예**의 취소 청구의 신청 또는 **보호처분**의 변경 신청이 있는 경우에 심리를 위하여 필요하다고 인정되면 **심급마다 20일의 범위**에서 **한 차례만 유치기간을 연장할 수 있다.**

11 보호관찰소의 장은 **가석방 및 임시퇴원의 취소 신청**이 있는 경우에 **보호관찰심사위원회의** 심사에 필요하면 **검사**에게 **신청**하여 검사의 **청구**로 지방법원 판사의 허가를 받아 **10일의 범위**에서 **한 차례만** 유치기간을 **연장**할 수 있다.

12 유치된 사람에 대하여 보호관찰을 조건으로 한 형의 선고유예가 실효되거나 집행유예가 취소된 경우 또는 가석방이 취소된 경우에는 그 유치기간을 **형기에 산입한다.**

13 보호관찰소의 장은 **가석방 및 임시퇴원의 취소 신청**이 필요하다고 인정되면 보호관찰 대상자를 **수용기관** 또는 **소년분류심사원에 유치할 수 있다.**

14 보호관찰소의 장은 **구인사유**가 있는 경우 관할 지방검찰청의 검사에게 신청하여 **검사의 청구**로 **관할 지방법원 판사**의 구인장을 발부받아 보호관찰 대상자를 **구인**할 수 있다.

15 보호관찰소의 장은 구인사유가 있는 경우로서 **긴급**하여 구인장을 발부받을 수 없는 경우에는 그 사유를 알리고 **구인장 없이** 보호관찰 대상자를 **구인**할 수 있다.

16 보호관찰은 보호관찰 대상자의 주거지를 관할하는 보호관찰소 소속 **보호관찰관**이 담당한다.

17 보호관찰소의 장은 보호처분의 **변경 신청**이 필요하다고 인정되면 구인한 보호관찰 대상자를 **수용기관 또는 소년분류심사원**에 **유치**할 수 있다.

18 보호관찰대상자는 **1개월 이상 국내외 여행**을 할 때에는 미리 **보호관찰관**에게 신고해야 한다.

19 법원은 「형법」 제62조의2에 따른 사회봉사를 명할 때에는 **500시간**, 수강을 명할 때에는 **200시간**의 범위에서 그 기간을 정하여야 한다. 다만, 다른 법률에 특별한 규정이 있는 경우에는 그 법률에서 정하는 바에 따른다.

20 **법원**은 「형법」 제62조의2에 따른 사회봉사 또는 수강을 명하는 판결이 확정된 때부터 **3일** 이내에 판결문 등본 및 준수사항을 적은 서면을 피고인의 주거지를 관할하는 **보호관찰소의 장**에게 보내야 한다.

21 사회봉사 · 수강명령 대상자는 주거를 이전하거나 **1개월 이상 국내외 여행**을 할 때에는 미리 보호관찰관에게 **신고하여야 한다.**

22 사회봉사 · 수강은 사회봉사 · 수강명령 대상자가 선고받은 형의 집행유예 기간이 지나면 **종료한다.**

23 사회봉사 · 수강명령 대상자가 사회봉사 · 수강명령 집행 중 **금고 이상**의 형의 집행을 받게 된 때에는 해당 형의 집행이 종료 · 면제되거나 사회봉사 · 수강명령 대상자가 가석방된 경우 **잔여 사회봉사 · 수강명령을 집행한다.**

24 사회봉사명령 또는 수강명령은 **보호관찰관**이 집행한다. 다만, **보호관찰관**은 국공립기관이나 그 밖의 단체에 그 집행의 전부 또는 일부를 **위탁**할 수 있다.

25 보호관찰관은 사회봉사명령 또는 수강명령의 집행을 국공립기관이나 그 밖의 단체에 위탁한 때에는 이를 **법원 또는 법원의 장**에게 통보하여야 한다.

26 사회봉사 · 수강의 종료
① 사회봉사명령 또는 수강명령의 집행을 **완료한 때**
② 형의 집행유예 기간이 **지난 때**
③ 사회봉사 · 수강명령을 조건으로 한 집행유예의 선고가 **실효되거나 취소된 때**
④ 다른 법률에 따라 사회봉사 · 수강명령이 **변경**되거나 **취소 · 종료된 때**

27 갱생보호를 받을 사람은 형사처분 또는 보호처분을 받은 사람으로서 **자립갱생을 위한 숙식 제공, 주거 지원, 창업 지원, 직업훈련 및 취업 지원** 등 보호의 필요성이 인정되는 사람으로 한다.

28 갱생보호 대상자와 관계 기관은 보호관찰소의 장, **갱생보호사업 허가를 받은 자** 또는 **한국법무보호복지공단**에 갱생보호 **신청을 할 수 있다.**

29 생활관 등 갱생보호시설에서 갱생보호 대상자에게 숙소 · 음식물 및 의복 등을 제공하고 정신교육을 하는 것으로 한다. 숙식제공은 **6월을 초과할 수 없다.** 다만, 필요하다고 인정하는 때에는 매회 **6월의 범위 내에서 3회에 한하여** 그 기간을 **연장**할 수 있다. 숙식을 제공한 경우에는 법무부장관이 정하는 바에 의하여 소요된 **최소한**의 비용을 징수할 수 있다.

30 갱생보호사업을 하려는 자는 **법무부령**으로 정하는 바에 따라 법무부장관의 허가를 받아야 한다.

31 법무부장관은 갱생보호사업의 허가를 취소하거나 정지하려는 경우에는 **청문**을 하여야 한다.

32 갱생보호사업을 효율적으로 추진하기 위하여 **한국법무보호복지공단**을 설립한다.

04 치료감호법

01 피치료감호자를 치료감호시설에 수용하는 기간은 치료감호대상자에 해당하는 **심신장애인과 정신성적 장애인의 경우 15년을 초과할 수 없다.**

02 피치료감호자의 치료감호가 **가종료**되었을 때 시작되는 보호관찰의 기간은 **3년으로 한다.**

03 심신장애, 마약류·알코올이나 그 밖의 약물중독, 정신성적 장애가 있는 상태 등에서 범죄행위를 한 자로서 재범위험성이 있고 특수한 교육·개선 및 치료가 필요하다고 인정되는 자에 대해 **보호와 치료**를 하는 것을 말한다.

04 피의자가 **심신상실자**(형법 제10조 제1항)에 해당하여 벌할 수 없는 경우 **검사는 공소를 제기하지 아니하고 치료감호만을 청구할 수 있다.**

05 치료감호와 형이 병과된 경우에는 **치료감호를 먼저 집행**하며, 이 경우 치료감호의 집행기간은 **형 집행기간에 포함한다.**

06 구속영장에 의하여 **구속된 피의자**에 대하여 검사가 공소를 제기하지 아니하는 결정을 하고 치료감호 청구만을 하는 때에는 **구속영장은 치료감호영장으로 보며** 그 효력을 **잃지 않는다.**

07 피치료감호자의 텔레비전 시청, 라디오 청취, 신문·도서의 열람은 일과시간이나 취침시간 등을 제외하고는 **자유롭게** 보장된다.

08 소아성기호증, 성적가학증 등 성적 성벽이 있는 정신성적 장애인으로서 금고 이상의 형에 해당하는 성폭력범죄를 지은 자로서 치료감호시설에서 치료를 받을 필요가 있고 재범의 위험성이 있는 자는 **치료감호대상자**에 해당한다.

09 근로에 종사하는 치료감호를 선고 받은 자에게는 근로의욕을 북돋우고 석방 후 사회정착에 도움이 될 수 있도록 **법무부장관**이 정하는 바에 따라 **근로보상금을 지급하여야 한다.**

10 치료감호심의위원회는 피치료감호자에 대하여 치료감호 집행을 시작한 후 **매 6개월마다** 치료감호의 **종료 또는 가종료** 여부를 심사·결정한다.

11 치료감호의 내용과 실태는 대통령령으로 정하는 바에 따라 **공개하여야 한다.** 이 경우 피치료감호자나 그의 보호자가 **동의한 경우 외**에는 피치료감호자의 개인신상에 관한 것은 **공개하지 아니한다.**

12 마약·향정신성의약품·대마, 그 밖에 남용되거나 해독을 끼칠 우려가 있는 물질이나 알코올을 식음·섭취·흡입·흡연 또는 주입받는 습벽이 있거나 그에 중독된 자가 금고 이상의 형에 해당하는 죄를 범하여 치료감호의 선고를 받은 경우 치료감호시설 수용 기간은 **2년**을 초과할 수 없다.

13 구속영장에 의하여 구속된 피의자에 대하여 검사가 공소를 제기하지 아니하는 결정을 하고 치료감호 청구만을 하는 때에는 **구속영장은 치료감호영장으로 보며** 그 효력을 **잃지 아니한다.**

14 「형법」상 살인죄(제250조 제1항)의 죄를 범한 자의 치료감호기간을 연장하는 신청에 대한 검사의 청구는 치료감호기간 또는 치료감호가 연장된 기간이 종료하기 **6개월 전까지** 하여야 한다.

15 치료감호심의위원회는 치료감호만을 선고받은 피치료감호자에 대한 집행이 시작된 후 **1년**이 지났을 때에는 상당한 기간을 정하여 그의 법정대리인, 배우자, 직계친족, 형제자매에게 **치료감호시설 외**에서의 치료를 **위탁할 수 있다.**

16 법원은 치료감호사건을 심리하여 그 청구가 이유 없다고 인정할 때 또는 피고사건에 대하여 심신상실 외의 사유로 무죄를 선고하거나 사형을 선고할 때에는 **판결**로써 청구기각을 **선고하여야 한다.**

17 피치료감호자가 치료감호시설 외에서 치료받도록 **법정대리인 등**에게 위탁되었을 때 **보호관찰이 시작된다.**

18 피치료감호자에 대한 치료감호가 **가종료**되면 **보호관찰이 시작된다.**

19 피치료감호자가 치료감호기간(치료감호시설 수용기간 또는 살인범죄 피치료감호자의 연장된 수용 기간)이 만료되는 피치료감호자에 대하여 치료감호심의위원회가 심사하여 보호관찰이 필요하다고 결정한 경우에는 치료감호기간이 **만료**되있을 때 **보호관찰이 시작된다.**

20 피보호관찰자가 새로운 범죄로 **금고 이상**의 형의 집행을 받게 되었을지라도 보호관찰은 종료되지 아니하고 해당 형의 집행기간 동안 보호관찰기간은 **계속** 진행된다.

21 보호관찰의 기간은 **3년**으로 한다.

05 전자장치부착법

01 **검사**는 강도범죄로 징역형의 실형을 선고받은 사람이 그 집행을 종료한 후 또는 집행이 면제된 후 **10년 이내**에 다시 강도범죄를 저지른 자로서 강도범죄를 다시 범할 위험성이 있다고 인정되는 사람에 대하여 부착명령을 **법원에 청구할 수 있다.**

02 부착명령의 원인이 된 특정범죄사건이 아닌 다른 범죄사건으로 형이나 치료감호의 집행이 계속 될 경우에는 부착명령의 원인이 된 특정범죄사건이 아닌 다른 범죄사건에 대한 형의 집행이 종료 되거나 면제·가석방되는 날 또는 치료감호의 집행이 **종료·가종료되는 날부터** 부착명령을 **집행 한다.**

03 부착명령의 집행 중 **다른 죄를 범하여** 금고 이상의 형의 집행을 받게 된 때에는 부착명령의 집행 이 **정지**된다.

04 부착명령의 집행은 신체의 완전성을 해하지 아니하는 범위 내에서 이루어져야 하며, 부착명령이 **여러 개인 경우 확정된 순서에 따라 집행한다.**

05 피부착명령자가 부착명령 판결 확정 시 석방된 상태이고 미결구금일수 산입 등의 사유로 이미 형의 집행이 종료된 경우에는 부착명령 판결 **확정일부터** 부착명령을 집행한다.

06 전자장치가 부착된 자는 주거를 이전하거나 **7일 이상의 국내여행**을 하거나 출국할 때에는 미리 **보호관찰관의 허가**를 받아야 한다.

07 전자장치 부착명령의 집행 중 다른 죄를 범하여 **금고 이상**의 형이 확정된 때에는 전자장치 부착 명령의 집행이 **정지**된다.

08 **만 19세 미만의 자**에 대하여 부착명령을 선고한 때에는 **19세에 이르기까지** 이 법에 따른 전자장 치를 **부착할 수 없다.**

09 법원은 부착명령 청구가 **이유 없다고** 인정하여 부착명령 청구를 **기각하는 경우,** 성폭력범죄를 저지른 사람으로서 성폭력범죄를 다시 **범할** 위험성이 있다고 인정되는 사람에 대하여 보호관찰 명령을 선고할 필요가 있다고 인정하는 때에는 **직권**으로 **2년 이상 5년 이하의 범위**에서 기간을 정하여 보호관찰명령을 **선고할 수 있다.**

10 피부착자는 특정범죄사건에 대한 형의 집행이 종료되거나 면제·가석방되는 날부터 **10일 이내**에 주거지를 관할하는 보호관찰소에 출석하여 **대통령령**으로 정하는 신상정보 등을 **서면**으로 신고하 **여야 한다.**

11 **여러 개**의 특정범죄에 대하여 동시에 전자장치 부착명령을 선고할 때에는 법정형이 **가장 중한 죄**의 부착기간 **상한의 2분의 1까지 가중**하되, 각 죄의 부착기간의 상한을 합산한 기간을 **초과할 수 없다.** 다만, **하나의 행위**가 여러 특정범죄에 해당하는 경우에는 **가장 중한 죄**의 부착기간을 **부착기간으로 한다.**

12 특정범죄는 **성폭력범죄, 미성년자 대상 유괴범죄, 살인범죄 및 강도범죄**를 말한다.

13 부착명령의 청구는 공소가 제기된 특정범죄사건의 **항소심 변론종결 시**까지 하여야 한다.

14 **미성년자 대상 유괴범죄**를 저지른 사람으로서 미성년자 대상 유괴범죄를 **다시 범할** 위험성이 있다고 인정되는 사람에 대하여 부착명령을 **법원에 청구할 수 있다.**

15 **유괴범죄**로 징역형의 실형 이상의 형을 선고받아 그 집행이 종료 또는 면제된 후 다시 유괴범죄를 저지른 경우에는 부착명령을 **청구하여야 한다.**

16 법원은 **19세 미만의 사람에 대해서** 성폭력범죄를 저지른 사람에 대해서 부착명령을 선고하는 경우에는 **야간, 아동·청소년의 통학시간 등 특정 시간대의 외출제한** 및 **피해자 등 특정인에의 접근금지**를 포함하여 준수사항을 **부과하여야 한다.**

17 전자장치 부착기간은 이를 집행한 **날부터 기산**하되, 초일은 시간을 계산함이 **없이 1일로 산정한다.**

18 **검사**의 전자장치 부착명령의 법원 청구
    ① 성폭력범죄자(임의적 청구)
       다음의 어느 하나에 해당하고, 성폭력범죄를 다시 범할 위험성이 있다고 인정되는 사람에 대하여 전자장치를 부착하도록 하는 명령(부착명령)을 법원에 **청구할 수 있다.**

> **[성범죄자 전자장치부착 청구대상]**
> 1. 성폭력범죄로 징역형의 실형을 선고받은 사람이 그 집행을 종료한 후 또는 집행이 면제된 후 **10년 이내**에 성폭력범죄를 저지른 때
> 2. 성폭력범죄로 이 법에 따른 전자장치를 부착받은 전력이 있는 사람이 **다시** 성폭력범죄를 저지른 때
> 3. 성폭력범죄를 **2회 이상** 범하여(유죄의 확정판결을 받은 경우를 포함한다) 그 습벽이 인정된 때
> 4. **19세 미만**의 사람에 대하여 성폭력범죄를 저지른 때
> 5. **신체적 또는 정신적 장애**가 있는 사람에 대하여 성폭력범죄를 저지른 때

② 미성년자 대상 유괴범죄자

임의적 청구	미성년자 대상 유괴범죄를 저지른 사람으로서 **미성년자 대상 유괴범죄를 다시 범할 위험성이 있다고** 인정되는 사람에 대하여 부착명령을 법원에 **청구할 수 있다.**(초범＋재범 위험성)
필요적 청구	유괴범죄로 징역형의 실형 이상의 형을 선고받아 그 집행이 종료 또는 면제된 후 **다시 유괴범죄를 저지른 경우**에는 부착명령을 **청구하여야 한다.**(재범)

③ 살인범죄자

임의적 청구	살인범죄를 저지른 사람으로서 **살인범죄를 다시 범할 위험성이 있다고 인정되는 사람**에 대하여 부착명령을 법원에 **청구할 수 있다.**(초범＋재범 위험성)
필요적 청구	살인범죄로 징역형의 실형 이상의 형을 선고받아 그 집행이 종료 또는 면제된 후 **다시 살인범죄를 저지른 경우**에는 부착명령을 **청구하여야 한다.**(재범)

④ 강도범죄자(임의적 청구)

다음의 어느 하나에 해당하고 강도범죄를 다시 범할 위험성이 있다고 인정되는 사람에 대하여 부착명령을 법원에 **청구할 수 있다.**

[강도범죄자 전자장치 부착 청구대상]

1. 강도범죄로 징역형의 실형을 선고받은 사람이 그 집행을 종료한 후 또는 집행이 면제된 후 **10년 이내**에 다시 강도범죄를 저지른 때

2. 강도범죄로 이 법에 따른 전자장치를 부착하였던 전력이 있는 사람이 **다시** 강도범죄를 저지른 때

3. 강도범죄를 **2회 이상** 범하여(유죄의 확정판결을 받은 경우를 포함한다) 그 습벽이 인정된 때

---

06 성충동약물치료법

01 치료명령은 **검사**의 지휘를 받아 **보호관찰관**이 집행한다.

02 치료명령을 받은 사람은 형의 집행이 종료되거나 면제·가석방 또는 치료감호의 집행이 종료·가종료 또는 치료위탁되는 날부터 **10일 이내**에 주거지를 관할하는 보호관찰소에 출석하여 **서면으로 신고하여야 한다.**

03 치료기간은 연장될 수 있지만, 종전의 치료기간을 합산하여 **15년**을 초과할 수 없다.

04 치료명령의 결정을 **받은 사람**의 치료기간 동안 치료비용을 부담**하여야 한다.** 다만, 치료비용을 부담할 경쟁력이 없는 경우에는 **국가**가 비용을 부담**할 수 있다.**

05 치료명령을 받은 사람은 **7일 이상의 국내여행**을 할 때에는 미리 **보호관찰관의 허가**를 받아야 한다.

06 치료기간은 최초로 성 호르몬 조절약물을 투여한 날 또는 법 제14조 제1항에 따른 **심리치료** 프로그램의 실시를 시작한 **날부터 기산하되, 초일**은 시간을 **계산함이 없이 1일로 산정한다.**

07 **검사**는 사람에 대하여 성폭력범죄를 저지른 성도착증 환자로서 성폭력범죄를 다시 범할 위험성이 있다고 인정되는 **19세 이상의 사람**에 대하여 약물치료명령을 **법원**에 청구**할 수 있다.**

08 치료명령을 받은 사람은 형의 집행이 종료되거나 면제·가석방 또는 치료감호의 집행이 종료·가종료 또는 치료 위탁되는 날부터 **10일 이내**에 주거지를 관할하는 보호관찰소에 출석하여 **서면으로 신고하여야 한다.**

09 교도소·구치소(수용시설)의 장은 가석방 요건을 갖춘 성폭력 수형자에 대하여 약물치료의 내용, 방법, 절차, 효과, 부작용, 비용부담 등에 관하여 **충분히 설명하고 동의 여부를 확인하여야 한다.**

10 성폭력 수형자가 약물치료에 동의한 경우 **수용시설의 장**은 지체 없이 수용시설의 소재지를 관할하는 지방검찰청의 검사에게 인적사항과 교정성적 등 필요한 사항을 **통보하여야 한다.**

11 **검사**는 소속 검찰청 소재지 또는 성폭력 수형자의 주소를 관할하는 **보호관찰소의 장**에게 성폭력 수형자에 대하여 **조사를 요청할 수 있다.**

12 보호관찰소의 장은 검사의 요청을 접수한 날부터 **2개월** 이내에 제5조 제3항의 조사보고서를 **제출하여야 한다.**

13 **검사**는 성폭력 수형자에 대하여 약물치료의 내용, 방법, 절차, 효과, 부작용, 비용부담 등에 관하여 설명하고 동의를 확인한 후 **정신건강의학과 전문의의 진단이나 감정**을 받아 법원에 치료명령을 **청구할 수 있다.**

14 **법원**은 치료명령 청구가 이유 있다고 인정하는 때에는 결정으로 치료명령을 고지하고 치료명령을 받은 사람에게 **준수사항** 기재서면을 송부**하여야 한다.**

15 치료명령을 받은 사람은 치료명령 결정이 확정된 후 집행을 받지 아니하고 **10년이 경과하면** 시효가 완성되어 집행이 **면제된다.**

Chapter 05 소년사법론

01 소년사법 및 처우모델

01 「아동복지법」상 아동이란 **18세 미만**인 사람을 말한다.

02 「아동·청소년의 성보호에 관한 법률」상 아동·청소년이란 **19세 미만**의 자를 말한다. 다만, 19세에 도달하는 연도의 1월 1일을 맞이한 자는 제외한다.

03 「청소년 보호법」상 청소년이란 **만 19세 미만**인 사람을 말한다. 다만, 만 19세가 되는 해의 1월 1일을 맞이한 사람은 제외한다.

04 「청소년 기본법」상 청소년이란 **9세 이상 24세 미만**인 사람을 말한다.

🔨 바톨라스와 밀러의 소년교정모델

05 **의료모형(medical model)** – 비행소년은 자신이 통제할 수 없는 요인에 의해서 범죄자로 결정되었으며, 이들은 사회적으로 약탈된 사회적 병질자이기 때문에 **처벌의 대상이 아니라 치료의 대상**이다.

06 **적응모형(adjustment model)** – 범죄자를 **환자가 아닌 스스로 책임 있는 선택과 합리적 결정을 할 수 있는 자로 간주**한다. 처우기법으로는 현실요법, 환경요법, 집단지도 상호작용, 교류분석, 긍정적 동료문화 등이 이용된다.

07 **범죄통제모형(crime control model)** – 청소년도 자신의 행동에 대해서 책임을 져야 하므로, 청소년 범죄자에 대한 **처벌을 강화**하는 것만이 청소년범죄를 줄일 수 있다.

08 **최소제한모형(least-restrictive model)** – 비행소년에 대해서 소년사법이 개입하게 되면, 이들 청소년들이 지속적으로 **법을 위반할 가능성이 증대**될 것이다.

09 비범죄화와 전환

3D이론	비범죄화(Decriminalization), 비형벌화(Depenalization), 비시설수용화(Deins-titutionalization)
4D이론	비범죄화, 비형벌화, 비시설수용화, 전환(Diversion)
5D이론	비범죄화, 비형벌화, 비시설수용화, 전환, 적법절차(Due process)

10 **비범죄화(decriminalization)**는 경미한 일탈에 대해서는 비범죄화하여 공식적으로 개입하지 않음으로써 낙인을 최소화하자는 것이다.

11 **적법절차(due process)**는 소년사법절차에서 절차적 권리를 철저하고 공정하게 보장하여야 한다는 것을 의미한다.

12 **전환(diversion)**은 비행소년을 공식적인 소년사법절차 대신에 비사법적인 절차에 의해 처우하자는 것이다.

13 **비시설수용(deinstitutionalization)**은 소년 범죄자에 대하여 시설에 수용하지 않고, 직·간접적으로 영향을 주며 소년을 보호할 책임이 있는 가족이나 학교, 사회복지시설 등이 직접 소년을 보호함으로써 온건하고 자비로운 방법으로 소년이 지역사회에 정착할 수 있도록 하는 것을 말한다.

14 **비형벌화(Depenalization)**는 소년은 지위비행(소년이라는 신분으로 인한 비행)을 저지를 수 있고, 이를 그대로 사법처리하면 소년의 장래에 부정적인 결과를 초래할 수 있으므로, 원칙적으로 형사사법처리해서는 아니되며, 예외적으로 소년의 위험성이 분명한 경우에 한하여 일시적인 구금 등의 조치를 허용하자는 것이다.

02 소년법

01 **인격주의**는 소년을 보호하기 위하여 소년의 행위에서 나타난 **개성과 환경**을 중시하는 것을 말한다.

02 **예방주의**는 범행한 소년의 처벌이 아니라 이미 범행한 소년이 **더 이상 범죄**를 범하지 않도록 하는 데에 있다.

03 **개별주의**는 처우 개별화의 원리에 따라 개성을 중시한 구체적인 **인격에 대한 처우**를 말한다. '조사는 의학·심리학·교육학·사회학 기타 전문적인 지식을 활용하여 소년과 보호자 또는 참고인의 성행·경력·가정상황 기타 환경 등을 구명하도록 노력하여야 한다.

04 **과학주의**는 소년의 범죄환경에 대한 연구와 소년범죄자에게 어떤 종류의 형벌을 어느 정도 부과할 것인가에 대한 **전문가의 활용**을 말한다.

⚖️ 보호사건

05 형벌법령에 저촉되는 행위를 한 **10세 이상 14세 미만**의 소년에 대하여 경찰서장은 직접 관할 **소년부에 송치하여야 한다.**

06 보호사건을 송치받은 소년부는 보호의 적정을 기하기 위하여 필요하다고 인정하면 **결정**으로써 사건을 **다른** 관할 소년부에 **이송할 수 있다.**

07 소년부 판사는 사건의 조사 또는 심리에 필요하다고 인정하면 **기일을 지정**하여 사건 본인이나 보호자 또는 참고인을 **소환할 수 있다.**

08 소년부 판사는 심리 결과 보호처분을 할 수 없거나 할 필요가 없다고 인정하면 그 취지의 결정을 하고, 이를 사건 **본인과 보호자**에게 알려야 한다.

09 소년부 판사는 사안이 가볍다는 이유로 심리를 개시하지 아니한다는 결정을 할 때에는 소년에게 **훈계**하거나 보호자에게 소년을 엄격히 **관리**하거나 **교육**하도록 **고지할 수 있다.**

10 심리는 원칙적으로 **공개하지 아니한다.**

11 대상 소년이 소년분류심사원에 위탁되지 아니하였다면 법원이 **직권**으로 보조인을 선정할 수 있다.

12 **소년부 판사**는 사건을 조사 또는 심리하는 데에 필요하다고 인정하면 소년의 감호에 관하여 결정으로써 ㉠ 보호자, 소년을 보호할 수 있는 **적당한 자** 또는 **시설에 위탁**(3＋3), ㉡ 병원이나 그 밖의 **요양소에 위탁**(3＋3), ㉢ **소년분류심사원**(1＋1)에 위탁하는 **임시조치**를 할 수 있다.

13 소년부 판사는 사건 본인이나 보호자가 정당한 이유 없이 소환에 응하지 아니하면 **동행영장**을 발부할 수 있다.

14 소년부 판사는 사건 본인을 보호하기 위하여 **긴급조치**가 필요하다고 인정하면 사건 본인이나 보호자를 **소환 없이** 동행영장을 발부할 수 있다.

15 소년이 소년분류심사원에 위탁된 경우 보조인이 없을 때에는 법원은 변호사 등 적정한 자를 보조인으로 **선정하여야 한다.**

16 사회봉사명령 처분은 **14세 이상**의 소년에게만, 수강명령 및 장기 소년원 송치 처분은 **12세 이상**의 소년에게만 할 수 있다. 그 외의 보호처분은 **10세 이상**의 소년에게 부과할 수 있다.

17 보호관찰관의 단기 보호관찰 또는 장기 보호관찰의 처분을 할 때에 **1년 이내**의 기간을 정하여 **야간 등 특정 시간대의 외출을 제한하는 명령**을 보호관찰대상자의 **준수 사항으로 부과할 수 있다.**

18 보호처분이 **계속 중일 때**에 사건 본인에 대하여 **유죄판결**이 확정된 경우에 보호처분을 한 소년부 판사는 그 처분을 존속할 필요가 없다고 인정하면 **결정**으로써 보호처분을 **취소할 수 있다.**

19 보호처분이 계속 중일 때에 사건 본인에 대하여 **새로운** 보호처분이 있었을 때에는 그 처분을 한 소년부 판사는 이전의 보호처분을 한 소년부에 조회하여 **어느 하나의** 보호처분을 취소**하여야 한다.**

20 보호처분이 계속 중일 때에 사건 본인이 처분 당시 **19세 이상인 것으로 밝혀진 경우**에는 소년부 판사는 결정으로써 **그 보호처분을 취소**하고 **검사 · 경찰서장의 송치** 또는 **보호자, 학교 · 사회복리시설 · 보호관찰소의 장의 통고에 의한 사건인 경우**에는 관할 지방법원에 대응하는 **검찰청 검사에게 송치**한다.

21 보호처분이 계속 중일 때에 사건 본인이 처분 당시 **19세 이상인 것으로 밝혀진 경우**에는 소년부 판사는 결정으로써 **그 보호처분을 취소**하고 **법원이 송치한 사건인 경우**에는 송치한 법원에 이송한다.

22 보호처분의 결정 및 부가처분 등의 결정 또는 보호처분 · 부가처분 변경 결정이 다음의 어느 하나에 해당하면(㉠해당 결정에 영향을 미칠 법령 **위반이 있거나 중대한 사실 오인**이 있는 경우 ㉡ **처분이 현저히 부당한 경우**) 사건 본인 · 보호자 · 보조인 또는 그 법정대리인은 관할 가정법원 또는 지방법원 본원 합의부에 **항고**할 수 있다.

23 가정법원 소년부의 보호처분 결정에 대한 **항고사건**의 관할법원은 **가정법원** 또는 **지방법원** 본원 합의부이다.

24 보호처분의 결정에 대하여 보조인도 **항고**할 수 있으며, 항고를 할 때에는 **7일 이내**에 항고장을 원심 소년부에 제출**하여야 한다.**

25 항고장을 받은 (원심)소년부는 **3일** 이내에 의견서를 첨부하여 **항고법원**에 송부하여야 한다. 항고 법원은 항고 절차가 법률에 위반되거나 항고가 이유 없다고 인정한 경우에는 **결정**으로써 항고를 **기각하여야 한다.**

26 항고법원은 항고가 이유가 있다고 인정한 경우에는 원결정을 취소하고 사건을 **원소년부**에 환송 하거나 **다른 소년부**에 이송하여야 한다. 다만, 환송 또는 이송할 여유가 없이 급하거나 그 밖에 필요하다고 인정한 경우에는 원결정을 **파기**하고 불처분 또는 보호처분의 **결정**을 할 수 있다.

27 항고는 결정의 집행을 **정지**시키는 효력이 **없다.**

28 항고를 **기각**하는 결정에 대하여는 그 결정이 법령에 위반되는 경우에만 대법원에 **재항고**를 할 수 있으며, 재항고를 제기할 수 있는 기간은 **7일**로 한다.

🔨 형사사건

29 **법원**은 소년에 대한 피고사건을 심리한 결과 **보호처분**에 해당할 사유가 있다고 인정하면 결정으 로써 사건을 관할 **소년부**에 **송치하여야 한다.**

30 **소년부**는 법원으로부터 송치받은 사건을 조사 또는 심리한 결과 사건의 본인이 **19세 이상**인 것으 로 밝혀지면 결정으로써 송치한 법원에 사건을 **다시 이송하여야 한다.**

31 심리는 공개하지 **아니하나**, 소년부 판사는 **적당하다고 인정하는 자**에게 참석을 **허가할 수 있다.**

32 소년이 법정형으로 장기 2년 이상의 유기형에 해당하는 죄를 범한 경우에는 그 형의 범위에서 **장기와 단기**를 정하여 선고한다. 다만, **장기는 10년, 단기는 5년**을 초과하지 못한다.

33 징역 또는 금고를 선고받은 소년에 대하여는 특별히 설치된 교도소 또는 일반 교도소 안에 특별 히 **분리된 장소**에서 그 형을 집행한다. 다만, 소년이 형의 집행 중에 **23세가** 되면 **일반 교도소**에 서 집행할 수 있다.

34 죄를 범할 당시 **18세 미만인 소년**에 대하여 사형 또는 무기형으로 처할 경우에는 **15년**의 유기징 역으로 한다.

35 보호처분이 계속 중일 때에 사건 본인에 대하여 **유죄판결**이 확정된 경우에 보호처분을 한 소년부 판사는 그 처분을 존속할 필요가 없다고 인정하면 **결정**으로써 보호처분을 **취소할 수 있다.**

36 소년보호사건에서 소년부 판사는 사건의 조사 또는 심리에 필요하다고 인정하면 기일을 **지정**하여 사건 본인이나 보호자 또는 **참고인**을 소환할 수 있으며, 사건 본인이나 보호자가 정당한 이유 없이 소환에 응하지 아니하면 소년부 판사는 **동행영장**을 발부할 수 있다.

37 제49조 제1항(검사의 소년부 송치)이나 제50조(법원의 소년부 송치)에 따른 소년부 송치결정이 있는 경우에는 소년을 구금하고 있는 시설의 장은 검사의 이송 지휘를 받은 때로부터 법원 소년부가 있는 **시·군에서는 24시간 이내**에, **그 밖의 시·군에서는 48시간 이내**에 소년을 소년부에 인도하여야 한다. 이 경우 구속영장의 효력은 소년부 판사가 제18조(소년부 판사의 임시조치) 제1항에 따른 소년의 감호에 관한 결정을 한 때에 상실하며, 인도와 결정은 구속영장의 **효력기간 내**에 이루어져야 한다

38 소년 보호사건의 심리 개시 결정이 있었던 때로부터 그 사건에 대한 보호처분의 결정이 확정될 때까지 **공소시효**는 그 진행이 **정지**된다.

39 소년에 대한 구속영장은 부득이한 경우가 아니면 **발부하지 못한다.**

40 소년이 법정형으로 **장기 2년 이상의 유기형**에 해당하는 죄를 범한 경우에는 그 형의 범위에서 **장기와 단기**를 정하여 선고한다.

41 **검사**는 소년에 대한 피의사건을 수사한 결과 **보호처분**에 해당하는 사유가 있다고 인정한 경우에는 사건을 관할 **소년부에 송치하여야 한다.**

42 소년부는 검사에 의하여 송치된 사건을 조사 또는 심리한 결과 그 동기와 죄질이 **금고 이상**의 형사처분을 할 필요가 있다고 인정할 때에는 결정으로써 해당 검찰청 **검사에게 송치할 수 있다.** 송치한 사건은 **다시 소년부에 송치할 수 없다.**

43 징역 또는 금고를 선고받은 소년에 대하여는 **무기형의 경우에는 5년, 15년, 유기형의 경우에는 3년, 부정기형의 경우에는 단기의 3분의 1의 기간**이 각각 지나면 가석방을 허가할 수 있다.

44 소년에 대한 형사사건의 심리는 다른 피의사건과 관련된 경우에도 **심리에 지장이 없으면** 그 절차를 **분리하여야 한다.**

03 보호소년법

01 보호소년 등이 면회를 할 때에는 소속 공무원이 참석하여 보호소년 등의 보호 및 교정교육에 지장이 없도록 지도할 수 있으며, 보호소년 등이 변호인이나 보조인(변호인 등)과 면회를 할 때에는 소속 공무원이 **참석하지 아니한다.** 다만, **보이는 거리에서 보호소년 등을 지켜볼 수 있다.**

02 **소년원장**은 미성년자인 보호소년 등이 친권자나 후견인이 없거나 있어도 그 권리를 행사할 수 없을 때에는 법원의 허가를 받아 그 보호소년 등을 위하여 친권자나 후견인의 직무를 **행사할 수 있다.**

03 소년원장은 공동으로 비행을 저지른 관계에 있는 사람의 편지인 경우 등 보호소년의 보호 및 교정교육에 지장이 있다고 인정되는 경우에는 보호소년의 **편지** 왕래를 **제한**할 수 있으며, 편지의 내용을 **검사**할 수 있다.

04 보호소년 등이 사용하는 목욕탕, 세면실 및 화장실에 전자영상장비를 설치하여 운영하는 것은 **자해 등의 우려가 큰 때에만 할 수 있다.** 이 경우 전자영상장비로 보호소년 등을 감호할 때에는 **여성인 보호소년 등**에 대해서는 **여성인 소속 공무원만, 남성인 보호소년 등**에 대해서는 **남성인 소속 공무원만**이 참여하여야 한다.

05 [가스총, 전자충격기 사용요건]
① 이탈, 자살, 자해하거나 **이탈, 자살, 자해**하려고 하는 때
② 다른 사람에게 **위해**를 가하거나 가하려고 하는 때
③ 위력으로 소속 공무원의 정당한 **직무집행**을 방해하는 때
④ 소년원·소년분류심사원의 설비·기구 등을 **손괴**하거나 손괴하려고 하는 때

06 보호소년 등이 **면회**를 할 때에는 소속 공무원이 참석하여 보호소년 등의 보호 및 교정교육에 **지장이 없도록** 지도할 수 있다. 이 경우 소속 공무원은 보호소년 등의 보호 및 교정교육에 지장이 있다고 인정되는 경우에는 면회를 **중지할 수 있다.**

07 소년원장은 그 상대방이 변호인이나 보조인임을 확인할 수 없는 경우를 제외하고는 보호소년이 **변호인**이나 **보조인**과 주고받는 **편지**를 **제한**하거나 **검사할 수 없다.**

08 전화통화는 평일 근무시간에 한정한다. 다만, 소년원장은 특별히 필요하다고 인정하는 경우에는 **야간 및 휴일**에도 전화통화를 **허가할 수 있다.**

09 신설하는 소년원 및 소년분류심사원은 수용정원이 **150명 이내**의 규모가 되도록 하여야 한다. 다만, 소년원 및 소년분류심사원의 기능·위치나 그 밖의 사정을 고려하여 **그 규모를 증대할 수 있다.**

10 보호소년 등이 규율 위반행위를 하여 20일 이내의 기간 동안 지정된 실(室) 안에서 근신하는 징계를 받은 경우에는 그 기간 중 20일 이내의 텔레비전 시청 제한, 20일 이내의 단체 체육활동 정지, 20일 이내의 공동행사 참가 정지가 **함께 부과된다.**

11 보호소년 등은 **남성과 여성, 보호소년과 위탁소년 및 유치소년** 등의 기준에 따라 **분리 수용**한다.

12 보호장비는 **징벌의 수단**으로 사용되어서는 **아니 된다.**

13 **소년원장**은 미성년자인 보호소년 등이 친권자나 후견인이 없거나 있어도 그 권리를 행사할 수 없을 때에는 법원의 허가를 받아 그 보호소년 등을 위하여 친권자나 후견인의 **직무를 행사할 수 있다.**

14 **소년원장**은 공동으로 비행을 저지른 관계에 있는 사람의 편지인 경우 등 보호소년의 보호 및 교정교육에 지장이 있다고 인정되는 경우에는 보호소년의 **편지 왕래를 제한할 수 있으며,** 편지의 내용을 **검사할 수 있다.**

15 보호소년이 사용하는 목욕탕, 세면실 및 화장실에 전자영상장비를 설치하여 운영하는 것은 **이탈·난동·폭행·자해·자살, 그 밖에 보호소년의 생명·신체를 해치거나 시설의 안전 또는 질서를 해치는 행위의 우려가 큰 때에만** 할 수 있다.

16 소년원장은 분류수용, 교정교육상의 필요, 그 밖의 이유로 보호소년을 다른 소년원으로 이송하는 것이 적당하다고 인정하면 **법무부장관의 허가**를 받아 **이송할 수 있다.**

M·E·M·O

www.pmg.co.kr

부록

교정관련 위원회 정리

위원회	위원수	위원장	관장사무	범위	위임법령	비고
가석방 심사 위원회	위원장 포함 5명 이상 9명 이하 (임기 2년 1회만 연장 가능)	법무부차관	가석방에 대한 적격심사	심사 · 결정	형집행법 (세부사항 법무부령)	법무부장관 소속으로 둠
징벌 위원회	위원장 포함 5명 이상 7명 이하 (외부인사는 3명 이상 소장 위촉) 외부인사 1명 이상 참석해야 개의할 수 있음	소장의 바로 다음 순위자	• 징벌대상행위의 사실 여부 • 징벌의 종류 및 내용 • 징벌집행유예기간과 기피 신청	심의 · 의결	형집행법	교정 시설에 둠
지방급식 관리위원회	위원장 포함 5~7명	소장		자문		교정시설에 둠
중앙급식 관리 위원회	위원장1명 포함 7명 이상 9명 이하의 위원	교정 본부장	• 부식의 식군과 수량 • 급식에 관한 기준 영양량의 결정	자문	수용자 급식관리위원회 운영지침	법무부에 둠
귀휴 심사 위원회	위원장 포함 6명 이상 8명 이하 (외부인사는 2명 이상 소장 위촉)	소장 (부재시 부소장 직무대행)	수용관계, 범죄관계, 환경관계 등을 심사	허가 심사	법무부령	교정시설에 둠
분류 처우 위원회	위원장 포함 5명 이상 7명 이하 • 매월 10일 개최 • 재적위원 3분의 2 이상 출석하는 경우 개최	소장	• 처우등급 • 가석방 적격심사 대상자 선정 • 소득점수 등의 평가 및 평정	심의 · 의결	형집행법 (세부사항 법무부령)	교정 시설에 둠

교정자문 위원회	10명 이상 15명 이하 • 위원 중 4명 이상 여성 • 임기 2년 연임가능	위원 중에서 호선	• 교정시설 운영 자문 • 수용자 처우 자문 • 특별한 보호가 필요한 수용자 보호, 성차별 및 성폭력 예방 정책 자문	자문	형집행법(세부사항 법무부령)	지방교정청에 둠
교도관 회의	소장·부소장 및 각 과장과 소장이 지명하는 6급 이상의 교도관 • 매주 1회 이상 회의 • 총무과 직원 서기	소장	• 교정행정 중요 시책의 집행 방법 • 각 과의 주요 업무 처리	자문	법무부령	소장 소속
취업지원 협의회	회장 1명 포함 3명 이상 5명 이하 내부의원과 외부의원 10명 이상	소장 (부회장2명, 1명 내부위원 소장지명, 1명 외부의원호선)	• 사회복귀징원업무 • 취업, 창업교육, 자료 제공 및 기술지원 • 각종 검사 및 상담 등	지원·협의	형집행법시행령(세부사항 법무부령)	교정시설
보호관찰 심사 위원회	위원장 포함 5명 이상 9명 이하	고등검찰청 검사장 또는 소속 검사 중 법무부장관이 임명한 자	• 가석방·임시퇴원과 그 취소 및 퇴원 등 • 보호관찰의 임시해제·보호관찰의 정지와 그 취소 • 가석방 중인 사람의 부정기형의 종료	심사·결정	「보호관찰 등에 관한 법률」	법무부 장관 소속으로 둠
보안관찰 위원회	위원장1명 포함 1인괴 6인의 위원으로 구성 (임기 2년)	법무부차관	• 보안관찰처분 또는 그 기각결정 • 면제 또는 그 취소설정 • 보안관찰처분의 취소 또는 기간의 갱신결정	심의·의결	보안관찰법	법무부에둠
치료감호 심의 위원회	판사·검사, 법무부 소속 고위공무원 또는 변호사의 자격 있는 6명 이내의 위원과 전문의 자격이 있는 위원 3명 이내	법무부차관	치료의 위탁 • 가종료 • 종료 여부	심사·결정	「치료감호 등에 관한 법률」	법무부에 둠

📋 독거수용 vs 혼거수용

구 분	독거수용	혼거수용
장 점	• 수용자 스스로 반성 내지 속죄할 수 있는 기회를 제공 • 수용자 간의 악풍감염 예방, 위생상 감염병 예방 등에 유리 • 수용자 개별처우에 용이 • 수용자의 명예감정을 보호 • 증거인멸 및 공모·위증을 방지 • 계호상 감시·감독 및 질서유지에 편리	• 수용자의 심신단련을 도모 • 건축비와 인건비 절감, 시설관리 용이 • 형벌 집행의 통일성을 유지 • 작업훈련에 간편을 기할 수 있음 • 공동작업을 통한 수형자의 재사회화와 사회적 훈련에 용이 • 수용자 상호 간의 감시를 통한 자살 등의 교정사고 방지에 기여
단 점	• 집단적 교육훈련, 자치활동 등 사회적 훈련에 부적합 • 수용자 신체의 허약·정신장애의 우려 • 수형자 상호 간 감시부재로 자살사고 방지 곤란 • 많은 감독인원과 건축비로 비경제적	• 수용자 상호 간 갈등증폭과 악풍감염의 우려 • 독거제보다 개별처우가 곤란 • 출소 후 공범범죄의 가능성 • 교도관의 계호상 감시감독 및 질서유지 곤란 • 위생·방역상 어려운 점

📋 집합적 무능력화와 선별적 무능력화 비교

구 분		집합적 무능력화	선별적 무능력화(Greenwood)
차 이 점	대 상	유죄확정된 모든 강력범죄자를 대상으로 함.	소수 중누범자를 대상으로 함.
	내 용	• 가석방의 지침이나 요건을 강화하여 가석방 지연 • **정기형**하에서 장기형을 강제하는 법률 제정 • 선시제도에서 선행에 대한 가산점을 줄여 석방시기 지연	• 과학적 방법에 의해 재범의 위험성이 높은 것으로 판단되는 개인을 구금 • 위험성이 높은 범죄자일수록 장기간 구금 • **부정기형제도**와 궤를 같이 함 • 지역사회교정의 발전에 기여
공통점		범죄의 예방이 그 목적	

📋 독거수용의 구분(시행령 제5조)

처우상 독거수용	주간에는 교육·작업 등의 처우를 위하여 일과에 따른 공동생활을 하게 하고 휴업일과 야간에만 독거수용하는 것을 말한다.
계호상 독거수용	사람의 생명·신체의 보호 또는 교정시설의 안전과 질서유지를 위하여 항상 독거수용하고 다른 수용자와의 접촉을 금지하는 것을 말한다. 다만, 수사·재판·실외운동·목욕·접견·진료 등을 위하여 필요한 경우에는 그러하지 아니다.

부 록

📋 부문화에의 차별적 참여

구 분	수형자 부문화		비범죄적 부문화
	범죄지향적 부문화	수형지향적 부문화	합법지향적 부문화
준거집단	사회 + 교정시설	교정시설	합법적
목 표	범죄생활에 전념	소내 지위확보에 전념	지위에 관심 없음
행동강령	범죄자 강령	수형자 강령	
관 심	합리적·계산된 행위로 규정, 오락과 특전 결합	동료 수형자에 대한 영향력과 권한을 행사할 수 있는 지위 추구	합법적·공식적 절차 준수
재범률	높다.	가장 높다.	낮다.

📋 청원 등의 정리

구 분	청 원	순회점검	소장면담	시 찰	참 관
권리구제수단	○	○	○	×	×
주 체	수용자	장관	수용자	판사·검사	민간인
목 적	처우시정 요구	감독작용	처우상담	직무상 필요 여부	학술 기타
허가(결정)권자	장관	장관	소장		소장
횟 수	제한 없음	매년 1회 이상	일부 제한	수시	

📋 수형자 자치제의 장·단점

장 점	• 수형자의 자립심 및 독립심 고취로 흠결된 자치통제력을 회복시켜 줄 수 있다. • 수형자의 사회적응능력을 함양할 수 있다. • 자치정신을 배양하여 자율적이고 자발적인 교정질서를 확립할 수 있다. • 엄격한 계호주의의 폐단을 극복함으로써 교정사고를 미연에 방지할 수 있다. • 상부상조 정신과 단체 책임의식을 함양할 수 있다. • 수형자와 교도관의 인간적 관계로 교정행정의 효율성을 높일 수 있다. • 수형자의 명예심과 자존심을 자극하여 사회적응 능력을 유도한다. • 교정시설의 계호부담을 경감할 수 있다(계호비용 절감).
단 점	• 자제심의 결여된 수형자에게 자유를 허용하는 것은 위험·부당한 일이다. • 시설 내에서 자유의 허용은 오히려 수형자의 범죄상태를 연장하는 데 불과하다. • 형벌의 위하력과 존엄성을 훼손하여 엄격한 형벌집행을 바라는 국민감정에도 위배된다. • 힘 있는 소수 수형자에 의해 다수의 수형자가 고통을 받게 될 가능성이 높다. • 전문인력과 자치제에 적합한 설비를 요한다는 점에서 교정비용이 증가할 수 있다. • 선량한 시민보다는 단순히 선량한 수형자를 만드는 데 그치기 쉽다는 우려가 있다. • 교도관의 권위를 하락시킬 수 있다.

가족 알림 규정 비교 · 구분

가족 알림. 예외규정이 있는 경우(다만, 수용자가 알리는 것을 원하지 아니하면 그러하지 아니하다.)

- 수용사실의 가족 알림(법 제21조)
- 수용자가 외부의료시설에서 진료받거나 치료감호시설로 이송되면 그 사실의 가족(가족이 없는 경우에는 수용자가 지정하는 사람) 알림(법 제37조 제4항)
- 징벌대상자에 대한 접견·편지수수 또는 전화통화를 제한하는 경우 가족 알림(시행규칙 제222조)
- 수용자가 징벌처분을 받아 접견, 편지수수 또는 전화통화가 제한된 경우 가족 알림(시행령 제133조 제2항)

가족 알림. 예외규정이 없는 경우(알려야 하는 경우)

- 수용자가 위독한 경우(시행령 제56조)
- 수용자가 사망한 경우(법 제127조)

구분수용 등의 비교

원 칙	내 용	예외 등
구분수용	• 19세 미만과 19세 이상 수형자, 미결수용자, 사형확정자	교도소에 미결, 구치소에 수형자 가능
분리수용	• 남성과 여성 • 수형자와 미결수용자 같은 교정시설 수용 • 19세 이상과 미만 수형자 같은 교정시설 수용 • 미결수용자로 사건관련자	※ 격리 : 감염병 환자
독거수용	• 수용자는 독거수용한다.	혼거할 수 있다(혼거수용 사유)

형집행법상 보관금품 등의 처리 비교

• 보관 불허 휴대품	신입자	1. 자신이 지정하는 사람에게 보내게 하거나 그 밖에 적당한 방법으로 처분
• 수용자가 지닐 수 있는 범위를 벗어난 물품 • 수용자가 지닐 수 있는 범위를 벗어난 작성·집필한 문서나 도화	수용자	2. 상당한 기간 내에 처분하지 아니하면 폐기할 수 있다. 3. 본인에게 그 사실을 알린 후 폐기한다.
• 발신·수신 금지 편지 • 편지의 발신·수신 금지 사유에 해당하는 작성·집필한 문서나 도화		1. 수용자에게 사유를 알린 후 교정시설에 보관한다. 2. 수용자가 동의하면 폐기할 수 있다.
• 금지물품		1. 수용자에게 알린 후 폐기한다. 2. 폐기하는 것이 부적당한 물품은 교정시설에 보관하거나 수용자가 지정하는 사람에게 보내게 할 수 있다.

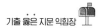

건강검진 대상자

대상자	횟수 및 근거
수용자	1년 1회 이상(시행령 제51조 제1항)
•19세 미만의 수용자 •계호상 독거수용자 •65세 이상의 노인수용자 •소년수용자	6개월 1회 이상(시행령 제51조), (시행규칙 제47조 제2항), (시행규칙 제59조의6)
임산부인 수용자	정기적인 검진(법 제52조)

접 견(시행규칙 제87조)

개방처우급	1일 1회	
완화경비처우급	월 6회	접견은 1일 1회만 허용한다. 다만, 처우상 특히 필요한 경우에는 그러하지 아니하다.
일반경비처우급	월 5회	
중경비처우급	월 4회	

접견 · 전화횟수 등 정리

접견	수형자		월 4회	•19세 미만인 때 •교정성적이 우수한 때 •교화 또는 건전한 사회복귀를 위하여 특히 필요하다고 인정되는 때 ➪ 접견횟수를 늘릴 수 있다.
	경비처우급별 접견횟수	개방처우급	1일 1회	
		완화경비처우급	월 6회	접견은 1일 1회만 허용한다. 다만, 처우상 특히 필요한 경우에는 그러하지 아니하다.
		일반경비처우급	월 5회	
		중경비처우급	월 4회	
	미결수용자		매일 1회	
	사형확정자		매월 4회	
	소송사건의 대리인인 변호사와 접견하는 수용자		월 4회	
	상소권회복 · 재심 청구사건의 대리인이 되려는 변호사와 접견하는 수용자		사건 당 2회	
전화	경비처우급별 전화허용횟수	개방처우급	월 5회 이내	•처우상 특히 필요한 경우 개방처우급 · 완화경비처우급 수형자의 전화통화 허용횟수를 늘릴 수 있다. •일반경비처우급 · 중경비처우급 수형자의 전화통화는 처우상 특히 필요한 경우에 허가할 수 있다. •전화통화는 1일 1회만 허용한다. 다만, 처우상 특히 필요한 경우에는 그러하지 아니하다.
		완화경비처우급	월 3회 이내	
		일반경비처우급 중경비처우급	월 2회 이내	
	사형확정자		월 3회 이내	

📋 **접촉차단시설이 설치되지 아니한 장소에서의 접견(수형자가 19세 미만인 때 ✕)**

변호인과의 접견	미결수용자(형사사건으로 수사 또는 재판을 받고 있는 수형자와 사형확정자를 포함한다)가 변호인(변호인이 되려는 사람을 포함한다.)과 접견하는 경우에는 접촉차단시설이 설치되지 아니한 장소에서 접견하게 한다(법 제41조 제2항 제1호).
변호사와의 접견	• 수용자가 소송사건의 대리인인 변호사와 접견하는 경우 등 수용자의 재판청구권 등을 실질적으로 보장하기 위하여 대통령령으로 정하는 경우로서 교정시설의 안전 또는 질서를 해칠 우려가 없는 경우에는 접촉차단시설이 설치되지 아니한 장소에서 접견하게 한다(법 제41조 제2항 제2호). • 수용자가 상소권회복 또는 재심 청구사건의 대리인이 되려는 변호사와 접견하는 경우에는 교정시설의 안전 또는 질서를 해칠 우려가 없는 한 접촉차단시설이 설치되지 않은 장소에서 접견하게 한다(시행령 제59조의2 제5항).
수용자와 미성년자인 자녀	수용자가 미성년자인 자녀와 접견하는 경우에는 접촉차단시설이 설치되지 아니한 장소에서 접견하게 할 수 있다(법 제41조 제3항 제1호).
대통령령으로 정하는 경우	다음의 어느 하나에 해당하는 경우에는 접촉차단시설이 설치되지 아니한 장소에서 접견하게 할 수 있다(법 제41조 제3항 제2호, 시행령 제59조 제3항). ① 수형자의 교정성적이 우수한 경우 ② 수형자의 교화 또는 건전한 사회복귀를 위하여 특히 필요하다고 인정되는 경우 ③ 미결수용자의 처우를 위하여 소장이 특별히 필요하다고 인정하는 경우 ④ 사형확정자의 교화나 심리적 안정을 위하여 소장이 특별히 필요하다고 인정하는 경우
개방처우급 수형자	소장은 개방처우급 수형자에 대하여는 법무부장관이 정하는 바에 따라 접촉차단시설이 설치된 장소 외의 적당한 곳에서 접견을 실시할 수 있다. 다만, 처우상 특히 필요하다고 인정하는 경우에는 그 밖의 수형자에 대하여도 이를 허용할 수 있다(시행규칙 제88조).

📋 **접견의 예외**

수형자	소장은 근무시간 내 접견 및 30분 이내의 접견시간에도 불구하고 수형자의 교화 또는 건전한 사회복귀를 위하여 특히 필요하다고 인정하면 접견 시간대 외에도 접견을 하게 할 수 있고 접견 시간을 연장할 수 있다(시행령 제59조 제1항).
변호사와의 접견	소장은 근무시간 내 접견과 변호사와 접견하는 시간 회당 60분 및 변호사와 접견하는 횟수에도 불구하고 소송사건의 수 또는 소송내용의 복잡성 등을 고려하여 소송의 준비를 위하여 특히 필요하다고 인정하면 접견 시간대 외에도 접견을 하게 할 수 있고, 접견 시간 및 횟수를 늘릴 수 있다(시행령 제59조의2 제3항).
미결수용자	소장은 미결수용자의 처우를 위하여 특히 필요하다고 인정하면 근무시간 내 접견에도 불구하고 접견 시간대 외에도 접견하게 할 수 있고, 변호인이 아닌 사람과 접견하는 경우에도 30분 이내의 접견 시간 및 매일 1회의 접견 횟수에도 불구하고 접견시간을 연장하거나 접견 횟수를 늘릴 수 있다(시행령 제102조).
사형확정자	소장은 근무시간 내 접견·30분 이내의 접견시간 및 매월 4회의 접견 횟수에도 불구하고 사형확정자의 교화나 심리적 안정을 도모하기 위하여 특히 필요하다고 인정하면 접견 시간대 외에도 접견을 하게 할 수 있고 접견 시간을 연장하거나 접견 횟수를 늘릴 수 있다(시행령 제110조).
소년수형자 등	소장은 소년수형자 등의 나이·적성 등을 고려하여 필요하다고 인정하면 경비처우급별 접견의 허용횟수 및 경비처우급별 전화통화의 허용횟수에 따른 접견 및 전화통화 횟수를 늘릴 수 있다(시행규칙 제59조의4).

수형자의 경비처우급별 전화통화의 허용횟수(시행규칙 제90조)

개방처우급	완화경비처우급	일반경비처우급	중경비처우급
월 5회 이내	월 3회 이내	월 2회 이내	

- 소장은 처우상 특히 필요한 경우에는 전화통화 허용 횟수를 늘릴 수 있다.
- 처우상 특히 필요한 경우에 허용
- 전화통화는 1일 1회만 허용한다. 다만, 처우상 특히 필요한 경우에는 그러하지 아니하다.

접견 · 전화통화 · 편지수수 제한사유 등 정리

접 견	원칙적 권리(법 제41조 제1항), 예외적 제한(법 제41조 제1항 단서)	
접견 제한사유 (법 제41조 제1항 단서)	청취 · 기록 · 녹음 · 녹화사유 (법 제41조 제4항)	접견 중지사유 (법 제42조)
1. 형사 법령에 저촉되는 행위를 할 우려가 있는 때 2. 「형사소송법」이나 그 밖의 법률에 따른 접견금지의 결정이 있는 때 3. 수형자의 교화 또는 건전한 사회복귀를 해칠 우려가 있는 때 4. 시설의 안전 또는 질서를 해칠 우려가 있는 때	1. 범죄의 증거를 인멸하거나 형사 법령에 저촉되는 행위를 할 우려가 있는 때 2. 수형자의 교화 또는 건전한 사회복귀를 위하여 필요한 때 3. 시설의 안전과 질서유지를 위하여 필요한 때	1. 범죄의 증거를 인멸하거나 인멸하려고 하는 때 2. 제92조의 금지물품을 주고받거나 주고받으려고 하는 때 3. 형사 법령에 저촉되는 행위를 하거나 하려고 하는 때 4. 수용자의 처우 또는 교정시설의 운영에 관하여 거짓사실을 유포하는 때 5. 수형자의 교화 또는 건전한 사회복귀를 해칠 우려가 있는 행위를 하거나 하려고 하는 때 6. 시설의 안전 또는 질서를 해하는 행위를 하거나 하려고 하는 때

※ 수형자의 교화 또는 건전한 사회복귀, 시설의 안전 또는 질서는 공통이므로 따로 암기할 필요 없음.
　(주의 : ~우려가 있는 때, ~하거나 하려고 하는 때)

전화통화	소장의 허가(법 제44조 제1항, 규칙 제25조 제1항)	
전화통화 불허사유 (규칙 제25조 제1항)	허가 취소사유 (규칙 제27조)	전화통화 중지사유 (법 제42조 준용)
1. 범죄의 증거를 인멸할 우려가 있을 때 2. 형사법령에 저촉되는 행위를 할 우려가 있을 때 3. 「형사소송법」에 따라 접견 · 편지수수 금지결정을 하였을 때 4. 교정시설의 안전 또는 질서를 해칠 우려가 있을 때 5. 수형자의 교화 또는 건전한 사회복귀를 해칠 우려가 있을 때	1. 수용자 또는 수신자가 전화통화 내용의 청취 · 녹음에 동의하지 아니할 때 2. 수신자가 수용자와의 관계 등에 대한 확인 요청에 따르지 아니하거나 거짓으로 대답할 때 3. 전화통화 허가 후 전화통화 불허사유가 발견되거나 발생하였을 때(법정인 발견 · 발생)	1. 범죄의 증거를 인멸하거나 인멸하려고 하는 때 2. 형사 법령에 저촉되는 행위를 하거나 하려고 하는 때 3. 수용자의 처우 또는 교정시설의 운영에 관하여 거짓사실을 유포하는 때 4. 수용자의 교화 또는 건전한 사회복귀를 해칠 우려가 있는 행위를 하거나 하려고 하는 때 5. 시설의 안전 또는 질서를 해하는 행위를 하거나 하려고 하는 때

※ 수형자의 교화 또는 건전한 사회복귀, 시설의 안전 또는 질서는 공통이므로 따로 암기할 필요 없음.
　(주의 : ~우려가 있는 때, ~하거나 하려고 하는 때)

편 지	원칙적 권리(법 제43조 제1항), 예외적 제한(법 제43조 제1항 단서)	
편지수수 제한사유 (법 제43조 제1항 단서)	편지 검열사유 (법 제43조 제4항)	(확인 · 검열결과)발신 · 수신 금지사유 (법 제43조 제5항)
1. 『형사소송법』이나 그 밖의 법률에 따른 편지의 수수금지 및 압수의 결정이 있는 때 2. 수형자의 교화 또는 건전한 사회복귀를 해칠 우려가 있는 때 3. 시설의 안전 또는 질서를 해칠 우려가 있는 때	1. 편지의 상대방이 누구인지 확인할 수 없는 때 2. 『형사소송법』이나 그 밖의 법률에 따른 편지검열의 결정이 있는 때 3. 수형자의 교화 또는 건전한 사회복귀를 해칠 우려가 있는 내용, 시설의 안전 또는 질서를 해칠 우려가 있는 내용이나 형사 법령에 저촉되는 내용이 기재되어 있다고 의심할 만한 상당한 이유가 있는 때 4. 대통령령으로 정하는 수용자 간의 편지인 때 【시행령 제66조】 1. 마약류사범 · 조직폭력사범 등 법무부령으로 정하는 수용자인 때 2. 편지를 주고받으려는 수용자와 같은 교정시설에 수용 중인 때 3. 규율위반으로 조사 중이거나 징벌집행 중인 때 4. 범죄의 증거를 인멸할 우려가 있는 때	수용자의 편지에 금지물품이 들어있거나, 편지의 내용이 1. 암호 · 기호 등 이해할 수 없는 특수문자로 작성되어 있는 때 2. 범죄의 증거를 인멸할 우려가 있는 때 3. 형사 법령에 저촉되는 내용이 기재되어 있는 때 4. 수용자의 처우 또는 교정시설의 운영에 관하여 명백한 거짓사실을 포함하고 있는 때 5. 사생활의 비밀 또는 자유를 침해할 우려가 있는 때 6. 수형자의 교화 또는 건전한 사회복귀를 해칠 우려가 있는 때 7. 시설의 안전 또는 질서를 해칠 우려가 있는 때

※ 수형자의 교화 또는 건전한 사회복귀, 시설의 안전 또는 질서는 공통이므로 따로 암기할 필요 없음.
(주의 : ~우려가 있는 때)

엄중관리대상자(법 제104조, 규칙 제194조~제213조)

구 분	관심대상수용자	조직폭력수용자	마약류수용자
색 상	노란색	노란색	파란색
지정절차	• 분류처우위원회 의결로 지정 • 미결수용자 등은 교도관회의의 심의로 지정 가능	소장이 조직폭력수용자 지정	소장이 마약류수용자 지정
해제절차	• 분류처우위원회의 의결로 지정 해제 • 미결수용자 등은 교도관회의의 심의로 지정 해제	• 석방할 때까지 해제 불가 • 공소장 변경 또는 재판 확정으로 사유 해소 시 교도관회의의 심의 또는 분류처우위원회 의결로 지정 해제	• 석방할 때까지 해제불가 • 공소장 변경 또는 재판 확정으로 사유해소 시 • 지정 후 5년이 경과하고, 교정성적 등이 양호한 경우 교도관회의 심의 또는 분류처우위원회 의결로 지정 해제 가능
상 담	• 지속적인 상담이 필요하다고 인정되는 사람에 대하여 상담책임자를 지정 • 상담책임자는 감독교도관 또는 상담 관련 전문교육을 이수한 교도관을 우선하여 지정 • 상담대상자는 상담책임자 1명당 10명 이내, 수시로 개별상담		
작업부과	작업을 부과할 때에는 분류심사를 위한 조사나 검사 등의 결과를 고려하여야 함.		

엄중관리대상자 처우상 제한 내용의 정리

조직폭력수용자	마약류수용자
① 수용자를 대표하는 직책 부여 금지 ② 수형자 간 연계활동 차단을 위한 이송 가능 ③ 접촉차단시설이 있는 장소에서의 접견과 귀휴 등의 결정 시 허용요건 엄격 적용 ④ 특이사항의 검찰청, 경찰서 등 관계 기관 통보 가능	① 교정시설 안에서 판매되는 물품 등을 제외한 물품 전달의 예외 ② 마약류 반입을 위한 도구로 이용될 가능성이 없다고 인정되는 물품을 제외한 물품에 대한 전달제한 ③ 마약류수용자의 보관품 및 지니는 물건의 변동상황 수시 점검 ④ 교정시설에 마약류를 반입하는 것을 방지하기 위하여 필요하면 강제에 의하지 아니하는 범위에서 수용자의 소변을 채취하여 마약반응검사를 할 수 있다. ⑤ 특이사항 - 감독관 보고

📋 교정장비

구 분	전자장비		보호장비	보안장비		무기의 사용	
대 상	수용자 or 시설	수용자	수용자	수용자 外	수용자	수용자 外	
주 체	교도관						
종 류	① 영상정보처리기기 ② 전자감지기 ③ 전자경보기 ④ 물품검색기 ⑤ 증거수집장비 ⑥ 그 밖에 법무부장관 　이 정하는 전자장비		① 수갑 ② 머리보호장비 ③ 발목보호장비 ④ 보호대 ⑤ 보호의자 ⑥ 보호침대 ⑦ 보호복 ⑧ 포승	① 교도봉 ② 전기교도봉 ③ 가스분사기 ④ 가스총 ⑤ 최루탄 ⑥ 전자충격기 ⑦ 그 밖에 법무부장관 　이 정하는 보안장비		① 권총 ② 소총 ③ 기관총 ④ 그 밖에 법무부장관 　이 정하는 무기	
한 계	• 영상장비 ⇨ 거실 ⇨ 　자살 등의 우려가 클 때		• 필요한 최소한도 • 사유소멸하면 사용중단 • 징벌수단으로 사용금지	• 필요한 최소한도		• 필요한 최소한도 • 최후의 수단	

📋 보호장비의 종류

법 제98조(8종류)	시행규칙 제169조(14종류)
① 수갑	① 수갑 : 양손수갑, 일회용수갑, 한손수갑
② 머리보호장비	② 머리보호장비
③ 발목보호장비	③ 발목보호장비 : 양발목보호장비, 한발목보호장비
④ 보호대	④ 보호대 : 금속보호대, 벨트보호대
⑤ 보호의자	⑤ 보호의자
⑥ 보호침대	⑥ 보호침대
⑦ 보호복	⑦ 보호복
⑧ 포승	⑧ 포승 : 일반포승, 벨트형포승, 조끼형포승

☞ 수용자 外의 사람에게는 보호장비를 사용할 수 없다.

☞ 이송·출정, 그 밖에 교정시설 밖의 장소로 수용자를 호송하는 때(법 제97조 제1항 제1호)에는 수갑과 포승만 사용할 수 있고, 다른 보호장비는 사용할 수 없다.

☞ 일시적 사용 : 일회용수갑

☞ 보호의자 : 다른 보호장비로는 보호의자 사용요건(법 제97조 제1항 제2호부터 제4호)의 어느 하나에 해당하는 행위를 방지하기 어려운 특별한 사정이 있는 경우에만 사용하여야 한다.

☞ 보호침대 : 다른 보호장비로는 자살·자해를 방지하기 어려운 특별한 사정이 있는 경우에만 사용하여야 한다.

☞ 보호의자 또는 보호침대를 사용하는 경우 : 다른 보호장비와 같이 사용할 수 없다.

☞ 보호의자·보호침대·보호복 : 그 사용을 일시 중지하거나 완화하는 경우를 포함하여 8시간을 초과하여 사용할 수 없으며, 사용 중지 후 4시간이 경과하지 아니하면 다시 사용할 수 없다.

📖 보호장비의 종류별 사용요건(법 제98조 제2항)

종 류	사용요건
머리보호장비	머리 부분을 자해할 우려가 큰 때
수 갑 포 승	1. 이송·출정 그 밖에 교정시설 밖의 장소로 수용자를 호송하는 때 2. 도주·자살·자해 또는 다른 사람에 대한 위해의 우려가 큰 때 3. 위력으로 교도관의 정당한 직무집행을 방해하는 때 4. 교정시설의 설비·기구 등을 손괴하거나 그 밖에 시설의 안전 또는 질서를 해칠 우려가 큰 때
발목보호장비 보 호 대 보호의자	2. 도주·자살·자해 또는 다른 사람에 대한 위해의 우려가 큰 때 3. 위력으로 교도관의 정당한 직무집행을 방해하는 때 4. 교정시설의 설비·기구 등을 손괴하거나 그 밖에 시설의 안전 또는 질서를 해칠 우려가 큰 때
보호침대 보 호 복	자살·자해의 우려가 큰 때

📖 보호실과 진정실 수용

구 분	보호실(법 제95조)	진정실(법 제96조)
정 의	자살 및 자해 방지 등의 설비를 갖춘 거실	일반 수용거실로부터 격리되어 있고 방음설비 등을 갖춘 거실
요 건	소장은 수용자가 다음의 어느 하나에 해당하면 의무관의 의견을 고려하여 보호실에 수용할 수 있다(제1항). ① 자살 또는 자해의 우려가 있는 때 ② 신체적·정신적 질병으로 인하여 특별한 보호가 필요한 때	소장은 수용자가 다음의 어느 하나에 해당하는 경우로서 강제력을 행사하거나 보호장비를 사용하여도 그 목적을 달성할 수 없는 경우에만 진정실에 수용할 수 있다(제1항). ① 교정시설의 설비 또는 기구 등을 손괴하거나 손괴하려고 하는 때 ② 교도관의 제지에도 불구하고 소란행위를 계속하여 다른 수용자의 평온한 수용생활을 방해하는 때
기간 및 연장	① 수용자의 보호실 수용기간은 15일 이내로 한다. 다만, 소장은 특히 계속하여 수용할 필요가 있으면 의무관의 의견을 고려하여 1회당 7일의 범위에서 기간을 연장할 수 있다(제2항). ② 수용자를 보호실에 수용할 수 있는 기간은 계속하여 3개월을 초과할 수 없다(제3항).	① 수용자의 진정실 수용기간은 24시간 이내로 한다. 다만, 소장은 특히 계속하여 수용할 필요가 있으면 의무관의 의견을 고려하여 1회당 12시간의 범위에서 기간을 연장할 수 있다(제2항). ② 수용자를 진정실에 수용할 수 있는 기간은 계속하여 3일을 초과할 수 없다(제3항).
고 지	소장은 수용자를 보호실/진정실에 수용하거나 수용기간을 연장하는 경우에는 그 사유를 본인에게 알려 주어야 한다(제4항).	
확인 및 조치	① 의무관은 보호실/진정실 수용자의 건강상태를 수시로 확인하여야 한다(제5항). ② 소장은 보호실/진정실 수용사유가 소멸한 경우에는 보호실/진정실 수용을 즉시 중단하여야 한다(제6항).	
수용 중지	① 보호실 수용자의 수시 건강상태 확인 및 진정실 수용자의 건강상태 수시확인에 따라 의무관이 보호실이나 진정실 수용자의 건강을 확인한 결과 보호실 또는 진정실에 계속 수용하는 것이 부적당하다고 인정하는 경우에는 소장에게 즉시 보고하여야 한다. 이 경우 소장은 특별한 사유가 없으면 보호실 또는 진정실 수용을 즉시 중지하여야 한다(시행령 제119조 제1항). ② 소장은 의무관이 출장·휴가, 그 밖의 부득이한 사유로 보호실 수용자의 수시 건강상태 확인 및 진정실 수용자의 건강상태 수시확인 직무를 수행할 수 없을 때에는 그 교정시설에 근무하는 의료관계 직원에게 대행하게 할 수 있다(시행령 제119조 제2항).	

🗒 강제력 행사 대상

수용자에 행사	수용자 外에 행사
1. 도주하거나 도주하려고 하는 때 2. 자살하려고 하는 때 3. 자해하거나 자해하려고 하는 때 4. 다른 사람에게 위해를 끼치거나 끼치려고 하는 때 5. 위력으로 교도관의 정당한 직무집행을 방해하는 때 6. 교정시설의 설비·기구 등을 손괴하거나 손괴하려고 하는 때 7. 그 밖에 시설의 안전 또는 질서를 크게 해치는 행위를 하거나 하려고 하는 때	1. 수용자를 도주하게 하려고 하는 때 2. 교도관 또는 수용자에게 위해를 끼치거나 끼치려고 하는 때 3. 위력으로 교도관의 정당한 직무집행을 방해하는 때 4. 교정시설의 설비·기구 등을 손괴하거나 하려고 하는 때 5. 교정시설에 침입하거나 하려고 하는 때 6. 교정시설의 안(교도관이 교정시설의 밖에서 수용자를 계호하고 있는 경우 그 장소를 포함)에서 교도관의 퇴거요구를 받고도 이에 따르지 아니하는 때

🗒 무기의 사용

수용자에 대한 무기사용	수용자 外의 사람에 대한 무기사용
1. 수용자가 다른 사람에게 중대한 위해를 끼치거나 끼치려고 하여 그 사태가 위급한 때 2. 수용자가 폭행 또는 협박에 사용할 위험물을 지니고 있어 교도관이 버릴 것을 명령하였음에도 이에 따르지 아니하는 때 3. 수용자가 폭동을 일으키거나 일으키려고 하여 신속하게 제지하지 아니하면 그 확산을 방지하기 어렵다고 인정되는 때 4. 도주하는 수용자에게 교도관이 정지할 것을 명령하였음에도 계속하여 도주하는 때 5. 수용자가 교도관의 무기를 탈취하거나 탈취하려고 하는 때 6. 그 밖에 사람의 생명·신체 및 설비에 대한 중대하고도 뚜렷한 위험을 방지하기 위하여 무기의 사용을 피할 수 없는 때	교도관은 교정시설의 안(교도관이 교정시설의 밖에서 수용자를 계호하고 있는 경우 그 장소를 포함)에서 1. 자기 또는 타인의 생명·신체를 보호하기 위하여 급박하다고 인정되는 상당한 이유가 있는 때 2. 수용자의 탈취를 저지하기 위하여 급박하다고 인정되는 상당한 이유가 있는 때 3. 건물 또는 그 밖의 시설과 무기에 대한 위험을 방지하기 위하여 급박하다고 인정되는 상당한 이유가 있는 때 ⇩ 수용자 외의 사람에 대하여도 무기를 사용할 수 있다.

🗒 수용자 포상기준(시행규칙 제214조의2)

포상사유	포 상
1. 사람의 생명을 **구조**하거나 도주를 방지한 때 2. **응급**용무에 공로가 있는 때	소장표창 및 가족만남의 **집** 이용 대상자 선정(응급 구조 집)
3. 시설의 **안전**과 질서유지에 뚜렷한 공이 인정되는 때 4. 수용생활에 **모범**을 보이거나 건설적이고 창의적인 제안을 하는 등 특히 포상할 필요가 있다고 인정되는 때	소장표창 및 가족만남의 **날** 행사 참여 대상자 선정(안전 모범 날)

📋 징벌의 종류(동법 제108조)

종 류	병 과	가 중
① 경고		
② 50시간 이내의 근로봉사		장기 1/2 가중 가능
③ 3개월 이내의 작업장려금 삭감		
④ 30일 이내의 공동행사 참가 정지	병과가능	
⑤ 30일 이내의 신문열람 제한(도서열람 제한 ×)		
⑥ 30일 이내의 텔레비전 시청 제한		
⑦ 30일 이내의 자비 구매 물품(의사가 치료를 위하여 처방한 의약품 제외) 사용 제한		
⑧ 30일 이내의 작업 정지(신청에 의한 작업 한정)		
⑨ 30일 이내의 전화통화 제한		
⑩ 30일 이내의 집필 제한		
⑪ 30일 이내의 편지수수 제한		
⑫ 30일 이내의 접견 제한		
⑬ 30일 이내의 실외운동 정지		
⑭ 30일 이내의 금치		

📋 이송 · 재수용 수형자의 개별처우계획 정리

구 분	처 우(시행규칙)
다른 교정시설부터 이송되어 온 수형자	개별처우계획을 변경할 수 있다(제60조 제1항).
가석방의 취소로 재수용되어 남은 형기가 집행되는 경우	석방 당시보다 한 단계 낮은 처우등급을 부여한다(제60조 제3항 본문).
형집행정지 중에 있는 사람이 기간만료 또는 그 밖의 정지사유가 없어져 재수용된 경우	석방 당시와 동일한 처우등급을 부여할 수 있다(제60조 제2항·제3항 단서).
「가석방자관리규정」 제5조 단서(천재지변, 질병, 부득이한 사유로 출석의무를 위반 시)를 위반하여 가석방이 취소되는 등 가석방 취소사유에 특히 고려할 만한 사정이 있는 때	
형집행정지 중이거나 가석방기간 중에 있는 사람이 형사사건으로 재수용되어 형이 확정된 경우	개별처우계획을 새로 수립하여야 한다(제60조 제4항, 제61조 제1항·제2항).
「국제수형자이송법」에 따라 외국으로부터 이송되어 온 수형자	
군사법원에서 징역형 또는 금고형이 확정되거나 그 형의 집행 중에 있는 사람이 이송되어 온 경우	

잉글랜드제 vs 아일랜드제

구 분	잉글랜드제	아일랜드제
창시자	마코노키	크로프톤
소득점수 계산	매일 계산	매월 계산
처우단계	독거(9개월) ⇨ 혼거 ⇨ 가석방	독거(9개월) ⇨ 혼거 ⇨ 중간교도소 ⇨ 가석방
누진계급	5계급 처우 : 고사급 ⇨ 제3급 ⇨ 제2급 ⇨ 제1급 ⇨ 최상급(특별급)	
최상급자 처우	가석방	중간교도소 이송
가석방자 경찰감시	불필요	휴가증제도를 시행하여 경찰감시 실시

※ 마코노키는 석방 후 범죄자에 대한 경찰의 감시는 경찰에 예속을 초래한다고 보아 반대한 반면, 크로프톤은
   가석방자에 대한 감시·관찰은 완전한 개선효과를 위해 필요하다고 보았다.

경비처우급 구분 및 작업기준(시행규칙 제74조)

개방처우급	개방시설에 수용되어 가장 높은 수준의 처우가 필요한 수형자	외부통근작업 및 개방지역작업 가능
완화경비처우급	완화경비시설에 수용되어 통상적인 수준보다 높은 수준의 처우가 필요한 수형자	개방지역작업 및 필요시 외부통근작업 가능
일반경비처우급	일반경비시설에 수용되어 통상적인 수준의 처우가 필요한 수형자	구내작업 및 필요시 개방지역작업 가능
중경비처우급	중경비시설에 수용되어 기본적인 처우가 필요한 수형자	필요시 구내작업 가능

교육의 종류

과 정	선발요건	경비처우급	비 용
검정고시반	조건 없음	수형자	규정 없음
방송통신고	중학교 졸업 또는 이와 동등한 수준의 학력이 인정되는 자		예산범위 내 지원 가능
독학에 의한 학위 취득과정(학사고시반)	① 고등학교 졸업 또는 이와 동등한 수준 이상의 학력이 인정될 것		(특별한 사정이 없으면) 자비부담
방송통신대학과정	② 교육개시일을 기준으로 형기의 3분의 1(21년 이상의 유기형 또는 무기형의 경우에는 7년)이 지났을 것	개방·완화·일반	
전문대학 위탁교육과정	③ 집행할 형기가 2년 이상일 것		
정보화 교육과정	조건 없음	수형자	
외국어 교육과정		개방·완화·일반	

📑 경비처우급별 처우기준

경비처우급	처우내용
개방처우급	㉠ 의류를 지급하는 경우 : 색상, 디자인 등을 다르게 할 수 있다(규칙 §84②). ㉡ 접견횟수 : 1일 1회(규칙 §87①) ㉢ 접촉차단시설이 설치된 장소 외의 적당한 곳에서 접견 가능(규칙 §88) ㉣ 전화통화 : 월 5회 이내(규칙 §90①)
개방·완화 경비처우급	㉠ 자치생활(규칙 §86①) ㉡ 경기·오락회 개최(규칙 §91①) ㉢ 작업·교육 등의 지도보조(규칙 §94) ㉣ 개인작업(규칙 §95①) ㉤ 외부 직업훈련 대상자(규칙 §96①) ㉥ 중간처우 대상자(규칙 §93①)
완화경비처우급	㉠ 접견횟수 : 월 6회(규칙 §87①)-1일 1회만 허용(처우상 특히 필요한 경우 예외 가능) ㉡ 처우상 특히 필요하다고 인정하는 경우에는 접촉차단시설이 설치된 장소 외의 적당한 곳에서 접견 가능(규칙 §88) ㉢ 전화통화 : 월 3회 이내(규칙 §90①)
개방·완화(원칙) 일반(필요시 가능)	㉠ 가족 만남의 날 행사 참여·가족 만남의 집 이용(규칙 §89①, ③) ㉡ 사회적 처우 : 사회견학, 사회봉사, 자신이 신봉하는 종교행사 참석, 연극·영화·문화공연 관람(규칙 §92①) ㉢ 일반귀휴 허가요건(규칙 §129②)
개방·완화(원칙) 그 외(필요시 가능)	외부통근작업 대상자(규칙 §120①, ③)
일반경비처우급	㉠ 봉사원 선정 : 개방·완화·일반경비처우급만 가능(규칙 §85①) ㉡ 접견횟수 : 월 5회(규칙 §87①) - 1일 1회만 허용(처우상 특히 필요한 경우 예외 가능) ㉢ 처우상 특히 필요하다고 인정하는 경우에는 접촉차단시설이 설치된 장소 외의 적당한 곳에서 접견 가능(규칙 §88) ㉣ 전화통화 : 처우상 특히 필요한 경우 월 2회 이내 허용(규칙 §90①) ㉤ 방송통신대학과정·전문대학 위탁교육과정·외국어 교육과정 교육대상자 : 개방·완화·일반경비처우급만 가능(규칙 §111 ~ §113) ㉥ 개방지역작업 대상자 : 개방·완화·일반경비처우급, 예외가능(규칙 §120②, ③)
중경비처우급	㉠ 접견횟수 : 월 4회(규칙 §87①) - 1일 1회만 허용(처우상 필요시 예외 가능) ㉡ 처우상 특히 필요하다고 인정하는 경우에는 접촉차단시설이 설치된 장소 외의 적당한 곳에서 접견 가능(규칙 §88) ㉢ 전화통화 : 처우상 특히 필요한 경우 월 2회 이내 허용(규칙 §90①)

🗒 작업 비교 · 구분

신청작업의 취소	소장은 제67조(신청에 따른 작업)에 따라 작업이 부과된 수형자가 작업의 취소를 요청하는 경우에는 그 수형자의 의사, 건강 및 교도관의 의견 등을 고려하여 작업을 취소할 수 있다(시행령 제93조).
사형확정자의 작업 취소	소장은 작업이 부과된 사형확정자가 작업의 취소를 요청하면 사형확정자의 의사 · 건강, 담당 교도관의 의견 등을 고려하여 작업을 취소할 수 있다(시행규칙 제153조 제3항).
미결수용자의 작업 취소	소장은 법 제86조 제1항(신청에 의한 작업)에 따라 작업이 부과된 미결수용자가 작업의 취소를 요청하는 경우에는 그 미결수용자의 의사, 건강 및 교도관의 의견 등을 고려하여 작업을 취소할 수 있다(시행령 제103조 제2항).
노인수용자의 작업 부과	소장은 노인수용자가 작업을 원하는 경우에는 나이 · 건강상태 등을 고려하여 해당 수용자가 감당할 수 있는 정도의 작업을 부과한다. 이 경우 의무관의 의견을 들어야 한다(시행규칙 제48조 제2항).

🗒 외부통근자 선정기준(시행규칙 제120조)

외부기업체에 통근하며 작업하는 수형자 (외부통근작업자)	교정시설 안에 설치된 외부기업체의 작업장에 통근하며 작업하는 수형자(개방지역작업자)
① 18세 이상 65세 미만일 것 ② 해당 작업 수행에 건강상 장애가 없을 것 ③ 개방처우급 · 완화경비처우급에 해당할 것 ④ 가족 · 친지 또는 교정위원 등과 접견 · 편지수수 · 전화통화 등으로 연락하고 있을 것 ⑤ 집행할 형기가 7년 미만이고 가석방이 제한되지 아니할 것	① 18세 이상 65세 미만일 것 ② 해당 작업 수행에 건강상 장애가 없을 것 ③ 개방처우급 · 완화경비처우급 · 일반경비처우급에 해당할 것 ④ 가족 · 친지 또는 교정위원 등과 접견 · 서신수수 · 전화통화 등으로 연락하고 있을 것 ⑤ 집행할 형기가 10년 미만이거나 형기기산일부터 10년 이상이 지난 수형자

소장은 작업 부과 또는 교화를 위하여 특히 필요하다고 인정하는 경우에는 위의 수형자 외의 수형자에 대하여도 외부통근자로 선정할 수 있다.

🗒 교도작업 특별회계의 세입 · 세출(법 제9조)

특별회계의 세입	특별회계의 세출
1. 교도작업으로 생산된 제품 및 서비스의 판매, 그 밖에 교도작업에 부수되는 수입금 2. 일반회계로부터의 전입금 3. 차입금	1. 교도작업의 관리, 교도작업 관련 시설의 마련 및 유지 · 보수, 그 밖에 교도작업의 운영을 위하여 필요한 경비 2. 작업장려금 3. 위로금 및 조위금 4. 수용자의 교도작업 관련 직업훈련을 위한 경비

📋 직업훈련 비교·구분

직업훈련 대상자 선정기준	직업훈련 대상자 선정 제한사유	직업훈련 보류사유
① 집행할 형기 중에 해당 훈련과정을 이수할 수 있을 것(기술숙련과정 집체직업훈련 대상자는 제외) ② 직업훈련에 필요한 기본소양을 갖추었다고 인정될 것 ③ 해당 과정의 기술이 없거나 재훈련을 희망할 것 ④ 석방 후 관련 직종에 취업할 의사가 있을 것	① 15세 미만인 경우 ② 교육과정을 수행할 문자해독능력 및 강의 이해능력이 부족한 경우 ③ 징벌대상행위의 혐의가 있어 조사 중이거나 징벌집행 중인 경우 ④ 작업, 교육·교화프로그램 시행으로 인하여 직업훈련의 실시가 곤란하다고 인정되는 경우 ⑤ 질병·신체조건 등으로 인하여 직업훈련을 감당할 수 없다고 인정되는 경우	① 징벌대상행위의 혐의가 있어 조사를 받게 된 경우 ② 심신이 허약하거나 질병 등으로 훈련을 감당할 수 없는 경우 ③ 소질·적성·훈련성적 등을 종합적으로 고려한 결과 직업훈련을 계속할 수 없다고 인정되는 경우 ④ 그 밖에 직업훈련을 계속할 수 없다고 인정되는 경우

📋 사면법 제5조

일반사면	형 선고의 효력이 상실되며, 형을 선고받지 아니한 자에 대하여는 공소권이 상실된다. 다만, 특별한 규정이 있을 때에는 예외로 한다.
특별사면	형의 집행이 면제된다. 다만, 특별한 사정이 있을 때에는 이후 형 선고의 효력을 상실하게 할 수 있다.
일반에 대한 감형	특별한 규정이 없는 경우에는 형을 변경한다.
특정한 자에 대한 감형	형의 집행을 경감한다. 다만, 특별한 사정이 있을 때에는 형을 변경할 수 있다.
복 권	형 선고의 효력으로 인하여 상실되거나 정지된 자격을 회복한다.

📋 사회적 처우와 사회 내 처우

사회적 처우	① 보안 상태나 행동의 자유에 대한 제한 등이 완화된 시설 또는 폐쇄시설이라도 시설 내 처우와 연계되면서 사회생활의 준비가 필요한 수형자를 대상으로 사회적응력을 배양시키려는 개방된 처우 형태이다. ② 귀휴제도, 외부통근제도, 가족만남의 집, 주말구금제도 등이 있다.
사회 내 처우	① 범죄자를 교정시설에 수용하지 않고 사회 내에서 통상의 생활을 영위하도록 하면서 지도·개선 등에 의해 그 범죄자의 개선·사회복귀를 도모하는 제도를 말한다. ② 보호관찰제도, 가석방제도, 갱생보호제도, 사회봉사·수강명령, 선도조건부 기소유예, 판결 전 조사제도 등이 있다.

부록

지역사회교정의 장·단점

장 점	단 점
• 시설 내 처우로 인한 사회단절과 악풍감염의 폐해를 줄이고 범죄배양효과 내지는 낙인효과를 피하게 해 준다. • 전환제도로 이용되면 형사시설의 과밀화 방지에 기여하여 형사사법기관의 부담을 감소시킬 수 있다. • 교정시설 수용에 비해 일반적으로 비용과 재정부담이 감소되고 교도소 과밀수용 문제를 해소할 수 있다. • 대상자에게 가족, 지역사회, 집단 등과 유대관계를 유지하게 하여 범죄자의 지역사회 재통합 가능성을 높여 줄 수 있다. • 단기자유형의 폐해극복 및 범죄인 처우를 위한 국가 비용을 절감할 수 있다. • 통상의 형사재판절차에 처해질 알코올중독자, 마약 사용자, 경범죄자 등의 범죄인에 대한 전환 방안으로 활용할 수 있다. • 사회 내 재범가능자들을 감시하고 지도함으로써 지역사회의 안전과 보호에 기여한다.	• 지역사회의 반대 등으로 사회 내 처우시설의 유치가 곤란하고, 국민법감정과 배치되고, 사회방위를 침해할 수 있다. • 시설 내 구금의 한계를 극복하기 위한 신종의 사회통제전략으로 형사사법망의 확대에 불과하다. • 사회 내 처우는 형식적으로는 구금이 아니나, 사회 내 처우 관련기관들이 개입하므로 실질적으로 구금 기능을 할 수 있다.

우리나라 중간처우 대상자

교정시설의 개방시설 수용 중간처우 대상자	지역사회의 개방시설 수용 중간처우 대상자
1. 개방처우급 혹은 완화경비처우급 수형자 2. 형기가 3년 이상인 사람 3. 범죄 횟수가 2회 이하인 사람 4. 중간처우를 받는 날부터 가석방 또는 형기 종료 예정일까지 기간이 3개월 이상 1년 6개월 이하인 사람	1. 개방처우급 혹은 완화경비처우급 수형자 2. 형기가 3년 이상인 사람 3. 범죄 횟수가 2회 이하인 사람 4. 중간처우를 받는 날부터 가석방 또는 형기 종료 예정일까지의 기간이 9개월 미만인 수형자

가석방 · 퇴원 · 임시퇴원

가석방	심사	성인 : 가석방심사위원회	허가	법무부장관
		소년 : 보호관찰심사위원회		
	취소	가석방 대상자에 대한 보호관찰은 필요적(원칙 : 가석방 ⇨ 보호관찰) 보호관찰을 받는 가석방 대상자(성인, 소년) : 보호관찰 등에 관한 법률의 적용을 받는다. 보호관찰법상 준수사항 위반 ⇨ 보호관찰심사위원회의 심사 ⇨ 취소결정 ⇨ 법무부장관 허가		
		보호관찰을 받지 않는 가석방 대상자 : 가석방자관리규정의 적용을 받는다. 가석방자관리규정상 준수사항 위반 ⇨ 가석방심사위원회의 심사 ⇨ 취소결정 ⇨ 법무부장관 허가 (소년은 100% 보호관찰을 받으므로 가석방심사위원회와는 관계가 없다.)		
퇴원	당연 퇴원	• 1개월 이내의 소년원 송치, 감호위탁 · 병원 등 위탁(6개월+6개월), 단기 소년원 송치(6개월), 장기 소년원 송치(2년)에 따라 수용상한기간에 도달한 보호소년 • 22세가 된 보호소년		
	심사 · 허가 퇴원	교정성적 양호+교정목적을 이루었다고 인정되는 보호소년	소년원장의 심사신청 ⇨ 보호관찰심사위원회의 허가 신청 ⇨ 법무부장관 허가	
임시퇴원	심사 · 허가 퇴원	교정성적 양호+보호관찰의 필요성이 있다고 인정되는 보호소년		

가석방자

구 분	보호관찰 조건 가석방자	가석방자(보호관찰 제외)
적격 결정	가석방심사위원회(소년 제외) ※ 보호관찰심사위원회 : 보호관찰 필요여부 결정, 소년가석방 적격결정	가석방심사위원회(성인) ※ 보호관찰 비(非)대상
가석방 허가	법무부장관	
준수법령	보호관찰 등에 관한 법률 제32조, 동법 시행령 제16조~제19조	가석방자 관리규정
취소 결정	보호관찰소의 장의 신청 또는 보호관찰심사위원회의 직권으로 취소심사 결정 가능(동법 제48조)	소장의 취소심사 신청에 따라 가석방심사위원회 결정, 긴급한 경우 법무부장관에 직접 취소신청 가능
취소 허가	법무부장관	

교정자문위원회 vs 교정위원

구 분	교정자문위원회(법 제129조)	교정위원(법 제130조)
목 적	수용자의 관리·교정교화 등 사무에 관한 지방교정청장의 자문에 응하기 위함	수용자의 교육·교화·의료 그 밖에 수용자의 처우를 후원하기 위함
구 성	10명 이상 15명 이하의 외부위원(여성 4명 이상), 임기 2년, 연임가능	명예직
위촉절차	지방교정청장의 추천을 받아 법무부장관이 위촉	소장의 추천을 받아 법무부장관이 위촉
지켜야 할 사항	활동 중에 알게 된 교정시설의 안전과 질서 및 수용자의 신상에 관한 사항을 외부에 누설하거나 공개해서는 안 된다.	

[위임규정]

법률 위임규정

구분	법령	내용
법률	형집행법 제7조	① 교도소 등의 설치·운영의 민간위탁
	동법 제10조	② 교도관의 직무

대통령령 위임규정

구분	법령	내용
대통령령	동법 제19조	① 사진촬영, 지문채취, 수용자 번호지정
	동법 제20조	② 이송 승인에 관한 권한을 대통령령으로 정하는 바에 따라 지방교정청장에게 위임
	동법 제33조	③ 운동시간·목욕횟수 등에 관하여 필요한 사항
	동법 제34조	④ 건강검진의 횟수 등에 관하여 필요한 사항
	동법 제41조	⑤ 접견의 횟수·시간·장소·방법 및 접견내용의 청취·기록·녹음·녹화 등에 관하여 필요한 사항
	동법 제43조	⑥ 편지발송의 횟수, 편지 내용물의 확인방법 및 편지 내용의 검열절차 등에 관하여 필요한 사항
	동법 제49조	⑦ 집필용구의 관리, 집필의 시간·장소, 집필한 문서 또는 도화의 외부반출 등에 관하여 필요한 사항
	동법 제57조	⑧ 시설의 설비 및 계호의 정도에 관하여 필요한 사항
	동법 제98조	⑨ 보호장비의 사용절차 등에 관하여 필요한 사항
	동법 시행령 제54조의 2	⑩ 간호사의 경미한 의료행위
	동법 제117조의 2	⑪ 정보공개청구의 예상비용의 산정방법, 납부방법, 납부기간, 그 밖에 비용 납부에 관하여 필요한 사항

법무부령 위임규정

구분	법령	내 용
법무부령	형집행법 제22조	① 의류·침구, 그 밖의 생활용품의 지급기준 등에 관하여 필요한 사항
	동법 제23조	② 음식물의 지급기준 등에 관하여 필요한 사항
	동법 제24조	③ 물품의 자비 구매 허가범위 등에 관하여 필요한 사항
	동법 시행령 제42조	④ 수용자에 대한 건네주려는 금품의 허가범위 등에 관하여 필요한 사항
	동법 제59조	⑤ 교정시설에 갖추어야 할 의료설비의 기준에 관하여 필요한 사항
	동법 제44조	⑥ 전화통화의 허가범위, 통화내용의 청취·녹음 등에 관하여 필요한 사항
	동법 제45조	⑦ 종교행사의 종류·참석대상·방법, 종교상담의 대상·방법 및 종교도서·물품의 소지범위 등에 관하여 필요한 사항
	동법 제47조	⑧ 구독을 신청할 수 있는 신문 등의 범위 및 수량
	동법 제48조	⑨ 방송설비·방송프로그램·방송시간 등에 관하여 필요한 사항
	동법 제54조	⑩ 노인수용자·장애인수용자 및 외국인수용자에 대한 적정한 배려 또는 처우에 관하여 필요한 사항
	동법 시행령 제84조	⑪ 수형자에게 부여하는 처우등급에 관하여 필요한 사항
	동법 시행령 제84조	⑫ 취업알선 및 창업지원에 관한 협의기구의 조직·운영 그 밖에 활동에 관하여 필요한 사항
	동법 제59조	⑬ 분류심사에 관하여 필요한 사항
	동법 제62조	⑭ 분류처우위원회에 관하여 필요한 사항
	동법 제63조	⑮ 교육과정·외부통학·위탁교육 등에 관하여 필요한 사항
	동법 제64조	⑯ 교화프로그램의 종류·내용 등에 관하여 필요한 사항
	동법 제68조	⑰ 외부통근작업 대상자의 선정기준 등에 관하여 필요한 사항
	동법 제69조	⑱ 직업훈련 대상자의 선정기준 등에 관하여 필요한 사항
	동법 제77조	⑲ 귀휴제도와 관련된 사항
	동법 제90조	⑳ 사형확정자에 대한 교육·교화프로그램, 작업, 그 밖의 처우에 필요한 사항
	동법 제94조	㉑ 전자장비의 종류·설치장소·사용방법 및 녹화기록물의 관리 등에 관하여 필요한 사항
	동법 시행령 제120조	㉒ 법규정 이외의 보호장비의 규격과 사용방법 등에 관하여 필요한 사항
	동법 제100조	㉓ 보안장비의 종류, 종류별 사용요건 및 사용절차 등에 관하여 필요한 사항
	동법 제101조	㉔ 사용할 수 있는 무기의 종류, 무기의 종류별 사용요건 및 사용절차 등에 관하여 필요한 사항
	동법 제115조	㉕ 법규정 이외의 징벌에 관하여 필요한 사항
	동법 제120조	㉖ 법규정 이외의 가석방심사위원회에 대하여 필요한 사항
	동법 제121조	㉗ 소장의 가석방 적격심사신청에 관한 사항
	동법 제104조	㉘ 엄중관리 대상자의 처우에 관한 사항

📖 암수범죄

절대적 암수범죄	실제로 범죄가 발생하였지만 인지되지 않은 범죄로 피해자가 없거나 피해자와 가해자의 구별이 어려운 범죄에 많이 발생한다(예 매춘, 낙태, 도박, 마약).
상대적 암수범죄	인지되었지만 해결되지 않아 범죄통계에 나타나지 않는 범죄행위로 그러한 이유는 수사기관의 검거율과 증거채취력의 정도와 밀접한 관련을 맺고 있으며, 법집행기관(경찰, 검찰, 법관의 개인적 편견)의 자의 내지 재량[소수민족, 유색인종 등에 대한 차별, 여성(기사도정신가설 – 폴락)이나 화이트칼라범죄자에 대한 관대함 등]에 의해 발생한다.

📖 고전주의 학파 vs 실증주의 학파

고전주의	실증주의
① 인간은 기본적으로 자유의지를 가진 합리적·이성적 존재이다.	① 범죄는 주로 생물학적·심리학적·환경적 원인에 의해 일어난다.
② 범죄는 개인의 의지에 의해 선택한 규범침해이다.	② 소질과 환경을 중시하여, 결정론적 입장에서 사회적 책임을 강조한다.
③ 개인의 자유의지에 따른 범죄행위에 대한 개인의 책임 및 처벌을 강조한다.	③ 범죄는 과학적으로 분석가능한 개인적·사회적 원인에 의해 발생하는 것이다.
④ 형벌은 계몽주의, 공리주의에 사상적 기초를 두고 이루어져야 한다.	④ 범죄의 연구에 있어서 체계적이고 객관적인 방법을 추구하여야 한다.
⑤ 효과적인 범죄예방은 형벌을 통해 사람들이 범죄를 포기하게 만드는 것이다.	⑤ 인간에 대한 과학적 분석을 통해 범죄원인을 규명하고자 하였다.
⑥ 범죄를 효과적으로 제지하기 위해서는 처벌이 엄격·확실하고, 집행이 신속해야 한다.	⑥ 범죄원인을 규명해서 범죄자에 따라 형벌을 개별화
⑦ 자의적이고 불명확한 법률은 합리적 계산을 불가능하게 하여 범죄억제에 좋지 않다.	⑦ 범죄행위를 유발하는 범죄원인을 제거하는 것이 범죄통제에 효과적이라고 본다.
⑧ 법과 형벌제도의 개혁에 관심(범죄원인에는 관심 ×)	⑧ 법·제도적 문제 대신에 범죄인의 개선 자체에 중점을 둔 교정이 있어야 범죄예방이 가능하다.

📖 베카리아의 형사사법제도 개혁안

계약사회와 처벌의 필요성		법은 사회를 형성하기 위한 조건이고 이를 위반하면 처벌해야 한다는 계약사회와 처벌의 필요성을 강조하였다.
죄형법정주의		입법의 역할을 강조한 것으로, 판사는 이미 설정되어 있는 범위를 넘어 범죄자들에게 형벌을 부과할 수 없도록 하여야 한다.
죄형균형론	범죄의 중대성	범죄의 속성은 사회에 미친 해악에 따라 판단되어야지 범죄자의 의도에 의해 결정되어서는 안 된다.
	비례적 형벌	범죄는 사회에 대한 침해이며 침해의 정도와 형벌 간에는 적절한 비례관계가 성립하여야 한다.
	형벌의 정도	형벌이 그 목적을 달성하기 위해서는 형벌로 인한 고통이 범죄로부터 얻는 이익을 약간 넘어서는 정도가 되어야 한다.
처벌의 효과성	확실성	• 범죄를 예방할 수 있는 가장 확실한 장치는 처벌의 가혹성이 아니라 처벌의 완벽성이라는 처벌의 확실성을 강조하였다. • 집행자는 용서 없이, 입법자는 관용적이고 인간적이어야 한다. • 처벌의 확실성 개념은 범죄자가 확실하게 체포되고 처벌을 받을 가능성을 의미한다. 범죄자를 확실하게 처벌한다는 구체적인 의미는 범죄자의 체포, 유죄판결, 그리고 제재까지 포함하며 체포, 유죄판결 그리고 제재의 확률이 클수록 범죄율이 틀림없이 감소할 것이라는 의미까지 내포하고 있다. • 처벌의 확실성은 엄격성보다 범죄억제에 더 효과적이라는 것이 일반적인 견해로, 처벌의 확실성 개념은 범죄자가 확실하게 체포된다는 의미를 가장 우선시한다.
	엄중성	• 해악의 정도에 맞는 확고한 행위결과에 상응한 처벌이어야 한다. • 억제이론의 전제는 범죄의 유형이 동일하다면, 그것으로부터 얻는 이득이나 쾌락의 양은 모든 사람에게 거의 동일하다는 것이다. 따라서 범죄에 상응하는 처벌은 그가 누구인가와는 아무런 관계가 없다. • 범죄억제 이론은 일반적으로 처벌이 엄격할수록 범죄율은 감소할 것이라고 가정한다. 처벌 수준을 높이면 범죄율은 감소한다고 보는 것이다. • 그러나 처벌의 엄격성은 범죄의 해악의 크기에 따라서 처벌도 그만큼 엄격해야 하며, 형사법에 근거하여 이루어져야 한다는 것을 본질로 한다.
	신속성	• 범죄가 일어난 후 처벌이 신속하여 처벌과 범죄가 근접할수록 처벌은 더욱 공정해지고 효과적이다. • 범죄자에 대한 처벌이 신속하고 확실하게 이루어져야 억제효과가 있다는 가정을 한다. 처벌의 신속성은 범행 후에 범죄자가 얼마나 빨리 처벌되는가를 의미한다. • 범행 후에 범죄자가 즉각적으로 처벌을 받을수록 처벌은 정당하고 유용할 것이다. 범행과 처벌 사이의 시간적 간격이 짧을수록 범죄와 처벌이라는 두 관념의 결합은 더 긴밀하고 지속적인 것이 될 것이다.
		형벌의 제지효과 3요소의 중요도 : 확실성 > 엄중성 > 신속성
범죄예방주의		• 범죄를 처벌하는 것보다 범죄를 예방하는 것이 더욱 중요하며 처벌은 범죄예방에 도움이 된다고 판단될 때에 정당화된다. • 법에 대한 공포심을 강조하였다.
사형과 사면의 반대	사형 폐지	• 범죄의 심각성과 형벌의 강도는 합리적인 연관성이 없다고 생각했기 때문에 사회계약설에 의거 사형제도를 폐지하고 대신에 구금형으로 대체되어야 한다. • 사형은 예방 목적의 필요한 한도를 넘는 불필요한 제도로서 폐지되어야 한다.
	사면 폐지	사면은 형사제도의 무질서와 법에 대한 존중심의 훼손을 초래한다고 보고, 자비라는 얼굴을 한 가면이라고 혹평하였다.
공리성		형사사법제도 내에서 개인의 권리를 강조하고 처벌에 대한 유일한 정당화와 진실한 목적은 공리성에 있다고 주장하였다.

📋 범죄억제 모형

일반억제	• 일반억제 또는 일반예방은 합리적 선택이론의 관점과 깊은 관계가 있는데, 범죄를 범하기로 동기 부여된 합리적인 사람은 자유롭고 제약이 없다면 법을 위반할 수밖에 없으므로, 이러한 잠재적인 범죄자들의 범죄를 억제하기 위해 형벌이 필요하다. • 일반억제는 범죄자들에 대한 처벌의 위협에 의해서 잠재적인 범죄자들의 범죄행위를 억제할 수 있다는 관점으로, 이러한 불특정 일반다수의 잠재적인 범죄자들은 법 집행기관이 범죄자를 확실히 체포하여 신속하고 엄격하게 처벌할 경우에 범죄를 범할 생각을 포기하게 되기 때문에 결과적으로 범죄가 억제된다. • 소극적 일반예방은 잠재적인 범죄자들이 범죄를 범하지 못하도록 형벌에 의해 위협을 가하는 것을 말하고, 적극적 일반예방은 형벌에 의해 잠재적 범죄자의 범죄의지를 억제하고 일반시민들의 법 집행기능에 대한 신뢰감을 향상시키는 기능을 하는 것을 말한다.
특별억제	• 특별억제는 강력한 처벌에 의해 경력 범죄자들, 즉 전과자들이 범죄를 되풀이하지 못하도록 대책을 강구하는 것을 목적으로 한다. • 범죄자에 대한 극형이나 무능력화 같은 처벌 위주의 소극적 억제전략과 교화·개선 위주의 적극적 억제전략이 범죄의 종류나 범죄인의 특성에 따라서 차별화되어야 한다.

📋 일상활동이론 VS 생활양식·노출이론

생활양식·노출이론(거시적)	일상활동이론(미시적)
• 하인드랑(Hindelang)과 갓프레드슨(Gottfredson) • 개인의 직업적 활동·여가활동 등 모든 일상적 활동의 생활양식이 그 사람의 범죄피해위험성을 높이는 중요한 요인이 된다는 이론이다. • 인구학적·사회학적 계층·지역에 따른 범죄율의 차이는 피해자의 개인적 생활양식의 차이를 반영한다. • 피해자가 제공하는 범죄기회구조를 중시하는 입장으로 젊은이, 남자, 미혼자, 저소득층, 저학력층이 다른 계층보다 범죄피해자가 될 확률이 상대적으로 높은 것은 이 계층이 가족과 보내는 시간이 적은 반면에 외부에서 활동하는 시간이 많게 되므로 범죄자와 접촉할 기회가 증대되기 때문이라고 한다.	• 코헨(Cohen)과 펠슨(Felson) • 일상활동의 구조적 변화가 동기를 지닌 범죄자(범행을 동기화한 사람), 합당한 표적(적절한 범행 대상), 보호능력의 부재(감시의 부재)라는 세 가지 요소에 시간적·공간적인 영향을 미쳐서 범죄가 발생한다는 이론이다. • 과다한 가정외적 활동 등으로 잠재적 범죄자에 대한 가시성과 접근성이 용이하고 동시에 범죄표적의 매력성이 있으며 나아가서 보호능력의 부재, 즉 무방비 상태일수록 범죄피해의 위험성은 그만큼 높아지게 된다. 물론 이러한 범죄피해발생과 거리가 먼 일상생활 유형을 가진 사람은 거꾸로 범죄기회를 얼마든지 감소시킬 수도 있다. 이것은 범죄예방가능성과 직결되는 문제이다.

체형이론의 정리

크레취머	셸던	긴장부분(정신병형)	정신병질(기질성)	범죄형태	범죄시기
투사형 (운동형)	중배엽우월성	신체긴장 (간질)	• 간질병질 (점착성) • 촉발적 불만	폭력적 재산범 · 풍속범 및 조발상습범, 폭력 · 상해 등 신체상의 범죄 등 범죄자가 가장 많다.	사춘기
세장형	외배엽우월성	두뇌긴장 (정신분열)	• 분열병질 (분열성) • 비사교적 • 변덕적	사기, 절도 및 누범에 많다.	사춘기
비만형	내배엽우월성	내장긴장 (조울증)	• 순환병질 (순환성) • 사교적 • 정이 많음	• 범죄가 적다. • 기회적 · 우발적 범죄가 많다.	갱년기
발육부전형 (혼합형)				비폭력적 풍속범이 많다.	사춘기 전후

• 점착성 기질 : 촉발적으로 자신의 불만표출(참지 못하는 사람)
• 분열성 기질 : 감정의 기복이 많음(예측 곤란하고 민감 · 예민한 사람)
• 순환성 기질 : 감정의 표현이 풍부한 사람(정이 많고 사교적인 사람)

• 중배엽 우월성 : 뼈와 근육과 관련된 세포가 발달 = 투사형
• 외배엽 우월성 : 피부나 신경조직과 관련된 세포가 발달 = 세장형
• 내배엽 우월성 : 소화기관과 관련된 세포가 발달 = 비만형

🗒 **슈나이더(Schnerider)의 10분법**

구 분	성격의 특징	범죄상관성
발양성	• 자신의 운명과 능력에 대한 과도한 낙관 • 경솔, 불안정성 • 실현가능성이 없는 약속 남발	• 상습사기범, 무전취식자 • 죄의식 결여, 충동적 행동 • 상습누범자 중에 다수
우울성	• 염세적·회의적 인생관에 빠져 자책성 불평이 심함 • 과거 후회, 장래 걱정, 불평	• 강박증세로 살상과 성범죄 가능 • 자살유혹이 가능하고, 살인범
의지박약성	• 모든 환경에 저항을 상실하여 우왕좌왕하며, 지능이 낮음 • 인내심과 저항력 빈약	• 상습누범이 가장 많음(누범의 60% 이상) • 상습누범자, 성매매여성, 마약중독자 • 온순·모범생활이지만 범죄유혹에 취약
무정성 (정성박약)	• 동정심·수치심·회오 등 인간의 고등감정이 결여되어 냉혹·잔인함 • 복수심이 강하고 완고하며 교활함 • 자기중심적, 죄책감 없음 • 사이코패스(Psychopath)	• 범죄학상 가장 문제시 됨 • 목적달성을 위한 흉악범(살인, 강도, 강간 등), 범죄단체조직, 누범 등에 많음 • 생래적 범죄인, XYY범죄인
폭발성	• 자극에 민감하고 병적 흥분자 • 음주 시 무정성·의지박약성과 결합되면 매우 위험하나 타유형에 비해 자기치료가 가능	• 살상, 폭행, 모욕, 손괴 등 충동범죄의 대부분과 관련되며 충동적인 자살도 가능 • 간질성(뇌전증) 기질
기분이변성	• 기분동요가 많아 예측이 곤란	• 방화, 도벽, 음주광, 과음, 도주증상에 따른 격정범으로 상해, 모욕, 규율위반 등을 범함 • 방화범, 상해범
과장성 (자기현시욕)	• 자기중심적, 자신에의 주목 및 관심을 유발하고자 하며 자기 기망적 허언을 남발 • 욕구좌절시 히스테리 반응을 보임	• 타인의 사기에 걸려들 가능성 높음 • 구금수형자 중 꾀병자가 많음 • 고등사기범(화이트칼라범죄)
자신결핍성 (자기불확실성)	• 능력부족의 인식으로 주변을 의식하고 강박관념에 시달림 • 주변사정에 민감하여 도덕성은 강함	• 도덕성이 강해 범죄와의 관련은 적음 • 강박증세로 살상, 성범죄 가능성
광신성 (열광성)	• 개인적·이념적 사항에 열중하여 그에 따라서만 행동하는 강한 성격 • 정의감에 따라 소송을 즐김	• 종교적 광신자, 정치적 확신범
무력성	심신의 부조화 상태를 호소하여 타인의 동정을 바라며 신경질적임	범죄와의 관련성은 적음

• 적극적 범죄관련 : 기분이변성, 무정성, 발양성, 의지박약성, 폭발성, 과장성, 광신성(열광성)
• 소극적 범죄관련 : 무력성, 자신결핍성, 우울성

뒤르켕과 머튼의 아노미의 구별

구 분	뒤르켕(Durkheim)의 아노미	머튼(Merton)의 아노미
의 의	무규범, 사회통합의 결여상태	문화적 목표와 제도적 수단의 불일치 상태
인간관	• 성악설적 인간 • 인간의 욕구를 생래적인 것으로 파악	• 성선설적 인간 • 인간의 욕구도 사회의 관습이나 문화적 전통에 의해 형성되는 것으로 파악
발생 시기	사회적 변혁기	사회일상적 상황
아노미의 개념	현재의 사회구조가 개인의 욕구에 대한 통제력을 유지할 수 없는 상태	문화적 목표(부의 성취·성공)와 제도적 수단(합법적 수단)의 괴리에 의한 긴장의 산물
범죄 원인	욕망의 분출 또는 좌절에 의한 긴장의 해소 (개인적 차원)	강조되는 문화적 목표에 비해 제한된 성취기회 (사회구조적 차원)

머튼의 아노미 적응유형

적응유형		문화적 목표	제도적 수단	특 징
보편적 적응방식	동조형 (confirmity)	+	+	• 성공목표와 제도적 수단의 합치로 정상적인 생활을 유지하는 사람 • 정상인
반사회적 적응방식	개혁·혁신형 (innovation)	+	−	• 금전획득의 재산범죄가 많고 범죄학적으로 가장 문제되는 생활자 • 성매매, 마약거래, 강도 등
	의례·의식형 (ritualism)	−	+	• 높은 성공목표는 외면하고 제도적 수단에 충실하는 순종적인 생활 • 중하층 봉급쟁이나 무사안일하게 절차적 규범이나 규칙만을 준수하는 관료 등
	도피·퇴행형 (retreatism)	−	−	• 비도덕적이고 퇴폐적인 생활자 • 만성적 알코올중독자, 마약상습자 등
	혁명·전복형 (rebellion)	+	+	• 공동체 전체를 위한다는 동기에서 사회목표를 공공연하게 거부하면서 범죄를 유발하고, 범행이 공표되기를 원하는 데모나 혁명을 하는 경우 • 정치범, 확신범, 혁명가 등

머튼 아노미 이론 vs 에그뉴 일반긴장이론

아노미 이론(Merton)	일반긴장이론(Agnew)
사회적 수준의 긴장	개인적 수준의 긴장
문화적 목표와 제도적 수단의 괴리에 의한 긴장	다양한 원인에 의한 긴장 또는 스트레스
범죄율에서 사회계층의 차이를 설명	스트레스와 긴장을 느끼는 개인이 범죄를 저지르기 쉬운 이유를 설명(긴장의 개인적 영향을 밝히는 데 도움을 줌)
하류층의 범죄에 국한	모든 계층(하류층, 중·상류층)의 범죄에 대한 설명 가능
거시 환경이론	미시 환경이론

범죄적 하위문화 정리

이 론	주요 전제	이론의 장점
밀러의 하류계층문화이론	하류계층의 주요 관심사에 따르는 사람은 스스로 지배적인 문화와 갈등을 일으킨다.	하류계층 문화의 주요 관심사(핵심가치)를 밝히고 그 가치와 범죄의 관계를 보여준다.
코헨의 비행하위문화이론	중산층의 성공을 달성하는 데 실패한 하류계층 청소년들은 신분좌절을 경험하게 되고 그로 인해 갱조직에 가담하게 된다.	하류계층 생활조건이 어떻게 범죄를 발생시키는지를 보여주고, 폭력과 파괴적 행위를 설명하고, 하류계층과 중산층 사이의 갈등을 알려준다.
클라워드와 올린의 차별적 기회구조이론	합법적 기회의 차단이 하류계층 청소년이 범죄적·갈등적·도피적 하위문화(갱)에 가담하게 되는 원인을 제공한다.	불법적 기회마저 사회 내에서 차별화되어 있음을 보여주고, 왜 사람들이 범죄행위에서 특정 유형에 개입하게 되는지를 밝힌다. 또한 빈곤의 축소와 같은 범죄방지대책의 이론적 기초를 제공하고 있다.

따르드(Tarde)의 모방의 법칙

거리의 법칙 (제1법칙)	• 사람들은 서로를 모방하는 경향이 있으며, 그 정도는 거리에 반비례하고 타인들과 얼마나 밀접하게 접촉하는가에 비례하여 타인을 모방한다는 것이다. • 거리란 심리학적 의미의 거리와 기하학적 의미의 거리를 포함하는 개념이다. • 모방은 도시에서 빈번하고 빠르게 변화하는데 이를 '유행'이라고 하였고, 반면에 시골에서는 모방의 빈도가 덜하고 천천히 변화하는데 이를 '관습'이라고 하였다.
방향의 법칙 (제2법칙)	• 학습의 방향에 관한 것으로 일반적으로 열등한 사람이 우월한 사람을 모방하는 경향이 있다(위에서 아래로). • 즉 모방은 사회의 상류계층 ⇨ 하층계급, 도시 ⇨ 농촌으로 전해지는 등 사회적 지위가 우월한 자를 중심으로 이루어진다.
삽입의 법칙 (제3법칙) (무한진행의 법칙)	• 범죄의 발전과 변화과정을 설명하는 이론(모방의 변화과정) • 새로운 유행이 기존의 유행을 대체한다거나 모방은 모방 ⇨ 유행 ⇨ 관습의 패턴으로 확대·진전되어 새로운 유행으로서 모방이 종래의 모방 속에 삽입되어 예전부터 있었던 관습으로 변화한다는 것이다(처음에 단순한 모방이 유행이 되고, 유행은 관습으로 변화·발전된다). • 총기에 의한 살인이 증가하면서 칼을 사용한 살인이 줄어드는 현상을 따르드는 새로운 유행이 기존의 유행을 대체하는 대표적인 예로 들었다.

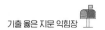

서덜랜드(Sutherland)의 차별적 접촉이론 사회심리과정 9가지 명제

명 제	특 징
제1명제	따르드의 모방법칙을 수용하면서 보다 정교화된 학습과정을 바탕으로 범죄행위는 학습의 결과이다.
제2명제	범죄자도 정상인과 다름없는 성격과 사고방식을 갖춘 자로, 범죄행위는 의사소통과정에 있는 다른 사람과의 상호작용을 수행하는 과정에서 학습된다.
제3명제	범죄는 최우선적인 접촉대상인 부모, 가족, 친구 등 직접적인 친밀 집단과의 접촉과정에서 학습한다 (라디오·TV·영화·신문·잡지 등과 같은 비인격적 매체는 범죄행위의 학습과 크게 관련이 없다).
제4명제	범죄행위 학습에는 범행기술, 동기, 욕망, 합리화 방법 그리고 태도와 구체적 방향의 학습을 포함한다.
제5명제	법규범을 우호적(긍정적) 또는 비우호적(부정적)으로 정의하는가에 따라 동기와 욕구의 특정한 방향을 학습한다.
제6명제	법에 대한 비우호적 정의가 우호적 정의보다 클 때 범죄를 실행한다. 즉 법률을 위반해도 무방하다는 생각을 학습한 정도가 법률을 위반하면 안 된다는 생각을 학습한 정도보다 클 때에 범죄를 저지르게 된다.
제7명제	차별적 접촉은 접촉의 빈도·기간·시기·강도에 따라 다르다. 즉 접촉의 빈도가 많고 길수록 학습의 영향은 더 커지고, 시기가 빠를수록 접촉의 강도가 클수록 더 강하게 학습된다.
제8명제	범죄자와 준법자와의 차이는 접촉유형에 있을 뿐 학습이 진행되는 과정에는 아무런 차이가 없다.
제9명제	범죄행위도 욕구와 가치의 표현이란 점에서 다른 일반행동과 동일하나, 일반적인 욕구나 가치관으로는 범죄행위를 설명할 수 없다. 어떤 사람들은 비범죄적 행동을 통해서도 동일한 욕구와 가치관을 표현하기 때문이다.

사이크스(Sykes)와 맛차(Matza)의 중화기술의 유형

구 분	내 용
책임의 부정	의도적인 것이 아니었거나 자기의 잘못이 아니라 주거환경, 친구 등에 책임을 전가하거나 또는 자신도 자기를 통제할 수 없는 외부세력의 피해자라고 여기는 경우가 이에 해당한다(자신의 범죄사실은 인정하지만, 사람·환경에 책임을 전가하는 것).
가해(손상)의 부정	훔친 것을 빌린 것이라고 하는 등 자신의 행위가 위법한 것일지는 몰라도 실제로 자신의 행위로 인하여 손상을 입은 사람은 아무도 없다고 주장하며 합리화하는 경우가 이에 해당한다(자신의 범죄사실을 부정하는 것).
피해자의 부정	자신의 행위가 피해를 유발한 것은 인정하지만 그 피해는 당해야 마땅한 사람에 대한 일종의 정의로운 응징이라고 주장하거나(도덕적 복수자) 또는 피해를 본 사람이 노출되지 않은 경우에 피해자의 권리를 무시함으로써 중화시키는 것을 말한다(범행 행위의 원인을 피해자가 제공).
비난자에 대한 비난	자신을 비난하는 사람, 즉 경찰·기성세대·부모·선생님 등이 더 나쁜 사람이면서 소년 자신의 작은 잘못을 비난하는 것은 모순이라는 식으로 합리화해 가는 것을 말한다.
상위가치에 대한 호소 (고도의 충성심에의 호소)	자신의 행위가 옳지는 않지만 친구 등 중요한 개인적 친근집단에 대한 충성심이나 의리에서 어쩔 수 없었다는 주장으로 중화시키는 것을 말한다.

📋 허쉬(Hirschi)의 사회통제(연대, 유대, 결속)이론의 개인이 사회와 유대를 맺는 방법(사회연대의 요소)

구 분	내 용
애착 (attachment)	• 애정과 정서적 관심을 통하여 개인이 사회와 맺고 있는 유대관계로 부자지간의 정, 친구 사이의 우정, 가족구성원끼리의 사랑, 학교선생에 대한 존경심 등을 들 수 있다. • 자식이 비행을 저지르려 하다가도 부모가 실망하고 슬퍼할 것을 우려해서 그만둔다면 이는 애착에 의하여 사회통제가 이행되는 사례라 할 수 있다. • 허쉬는 사회의 가치나 규범을 개인이 내면화하기 위해서는 다른 사람들에 대한 애착관계가 형성됨으로써 가능하다는 점에서 애착에 의한 사회유대를 가장 강조하였다.
전념 (관여 · 수용) (commitment)	• 규범준수에 따른 사회적 보상에 얼마나 관심을 갖는가에 관한 것이다. • 미래를 위해 교육에 투자하고 저축하는 것처럼 관습적 활동에 소비하는 시간과 에너지, 노력 등을 의미한다. • 애착이 감정적 · 정서적인 관계에 기초한 것이라면 전념은 각자의 합리적인 판단을 바탕으로 개인과 사회의 유대가 형성되고 유지되는 형태이다. • 전념에 의한 통제는 규범적인 생활에 집착하고 많은 관심을 두었던 사람은 그렇지 않은 사람들에 비해 잃을 것이 많기 때문에 비행이나 범죄를 자제하도록 한다고 본다.
참여 (involvement)	• 행위적 측면에서 개인이 사회와 맺고 있는 유대의 형태로 개인이 인습적인 활동에 얼마나 많은 시간을 투여하고 있는가에 따라 평가할 수 있다. • 학교, 여가, 가정에서 많은 시간을 보내게 되면 범죄행위의 유혹에서 멀어진다는 것을 의미한다. • 참여와 범죄발생의 관계에 대해서 허쉬는 마치 '게으른 자에게 악이 번창하듯이' 사회생활에 대하여 참여가 낮으면 그만큼 일탈행동의 기회가 증가됨으로써 비행이나 범죄를 저지를 가능성이 높다고 보았다.
믿음 (belief) (신념)	• 관습적인 규범의 내면화를 통하여 개인이 사회와 맺고 있는 유대의 형태로 관습적인 도덕적 가치에 대한 믿음을 의미한다. • 믿음이란 내적 통제를 의미하는 것으로 사람들마다 사회규범을 준수해야 한다고 믿는 정도에는 차이가 있고 규범에 대한 믿음이 약할수록 비행이나 범죄를 저지를 가능성이 높다고 보았다.

📋 급진적 갈등론과 보수적 갈등론의 비교

구 분	급진적 갈등론	보수적 갈등론
의 미	마르크스의 계급갈등론을 바탕으로 사회에는 두 가지 계급이 존재하며 양자가 서로 사회를 지배하고자 경쟁하고 있다는 견해이다.	수많은 문제를 놓고 많은 집단들이 그들의 이익을 추구하기 위해 경쟁하고 있다는 견해이다.
범죄원인과 대책	자본주의 경제구조가 범죄의 원인이므로 이를 극복하기 위해서는 개혁주의적 · 점진적 해결이 아닌 전반적인 체제변동과 억압에 대한 투쟁에의 정치적 참여를 통해 해결가능하다는 주장을 펼쳤다.	범죄의 원인을 일정부분 사회의 구조적 문제에서 찾으면서 이를 점진적 · 개혁적인 방법으로 개선해야 한다고 하였다.
주요 학자	• Marx의 계급투쟁과 범죄 • Bonger의 자본주의와 탈도덕화 • Quinney의 지배와 억압의 범죄, 대항범죄, 적응범죄 • Tailor 등의 신범죄학 • Spitzer의 후기 자본주의 갈등론	• Sellin의 문화갈등이론 • Vold의 집단갈등론 • Turk의 범죄화론(권위에 의한 지배 · 복종, 법률갈등)

부록

다이버전의 종류와 내용

경찰단계	훈방, 경고, 통고처분, 보호기관 위탁 등
검찰단계	기소유예, 불기소처분, 선도조건부 기소유예, 약식명령청구 등
법원(재판)단계	선고유예, 집행유예, 약식명령 등
교정(행형)단계	가석방, 개방처우, 보호관찰, 주말구금 등

수사 · 재판 · 교정단계의 예측

수사단계	① 경찰 · 검찰이 비행자 · 범죄자에 대한 수사를 종결하면서 내릴 처분내용을 결정할 때 사용하는 예측을 말한다. ② 기소 또는 기소유예처분 여부, 소년의 경우에는 가정법원 송치나 훈계결정 등 주로 장래의 수사방향이나 재판가능성 등을 내다보는 것으로 매우 중요한 의미를 가진다. ③ 범죄자나 비행소년에 대한 위험성 판정을 전제로 하며 이에 대한 적정한 예측은 수사종결 후 처분 선정을 하는 데 있어서 중요한 역할을 한다.
재판단계	① 재판단계에서 유무죄 판결이나 처분의 종류를 정하는 과정에서의 예측은 양형책임을 결정하는 중요한 수단으로 작용하며, 재범예측과 적응예측이 있다. ② 효율적인 양형산정과 처우의 개별화를 위한 매우 중요한 예측이다. ③ 장래위험성에 대한 정확한 예측의 한계를 보완하기 위해 판결 전 조사제도가 활용되고 있다.
교정단계	① 주로 가석방 시 예측으로 교도소 및 소년원에서 가석방 및 임시퇴원을 결정할 때 그 대상자의 누범 및 재범위험성을 예측하는 것이다. ② 석방 시 사후관리, 사회보호를 위한 보호관찰이나 갱생보호의 위탁 등의 결정에 필요한 예측을 포함한다.

🖹 **범죄 예측방법의 분류**

분류	의의	단점
직관적 관찰법 (전체적 관찰법)	• 예측자의 직관적 예측능력을 토대로 하는 예측방법으로, 실무에서 자주 사용되는 방법이다. • 인간의 보편적 예측능력, 판사·검사·교도관 등 범법자를 대상으로 한 직업경험이 중요한 역할을 한다.	• 판단자의 주관적 입장·지식·경험에 의존하여 신뢰하기 어렵다. • 주관적 자의와 한계 및 합리적 판단기준의 결여를 극복하기 어렵다.
임상적 예측법 (경험적 개별예측)	• 정신건강의학과 의사나 범죄심리학자가 행위자의 성격분석을 위한 조사와 관찰, 임상실험의 도움을 통해 내리는 예측을 말한다. • 각 개인에 내재하는 특수성이나 특이성을 집중적으로 관찰할 수 있다.	• 판단자의 주관적 평가의 개입가능성(객관성이 결여될 수 있다), 자료해석의 오류가능성, 비용이 많이 소요된다.
통계적 예측법 (점수법)	• 전체적 평가법에서 범하기 쉬운 객관성 문제를 개선하기 위해 개발된 방법이다. • 여러 자료를 통하여 범죄예측요인을 수량화함으로써 점수의 비중에 따라 범죄 또는 비행을 예측하는 방법으로 예측표를 작성하여 활용된다. • 누구나 쉽게 사용할 수 있고(전문가의 개입을 요하지 않는다), 객관적 기준에 의해 실효성·공평성이 높으며 비용도 절감된다.	• 예측표의 목록은 개별연구자에 따라 상이하여 보편타당한 예측표나 절차가 불가능하다. • 일반적 경향성은 나타낼 수 있지만, 행위자의 인격적 특수성이나 자유로운 의지가 고려되지 못한다.
통합적 예측법 (구조예측)	직관적 방법과 통계적 예측방법을 조합하여 각각의 단점을 보완하고자 하는 방법이다.	각각의 예측방법의 결함은 어느 정도 줄일 수 있으나 완전히 제거하는 것은 불가능하다.

🖹 **자유형의 종류와 기간**

구분	내용	기간
징역	노역에 복무하게 한다.	1월 이상 30년 이하(가중시 50년 이하), 무기의 경우 기간 제한 없음.
금고	신청에 의해 작업부과 가능	
구류	주로 경범죄처벌법 등에 규정, 신청에 의해 작업부과 가능	1일 이상 30일 미만(이하가 아님)

벌금 vs 과료

구 분	벌 금	과 료
금 액	• 5만원 이상 • 감경하는 경우 : 5만원 미만 가능	2천원 이상 5만원 미만
노역장 유치요건	• 벌금과 과료는 판결확정일로부터 30일내에 납입하여야 한다. • 벌금과 과료를 납입하지 아니한 자는 노역장에 유치하여 작업에 복무하게 한다.	
노역장 유치기간	1일 이상 3년 이하	1일 이상 30일 미만
시효의 기간	5년	1년
시효의 중단	강제처분을 개시함으로 인하여 중단된다.	
실효 기간	2년	완납 시 또는 집행이 면제된 때
선고유예	가능	불가능
집행유예	500만원 이하의 벌금형은 집행유예 가능, 500만원을 초과하는 벌금형은 집행유예 불가능	불가능

총액벌금제도와 일수벌금제도의 비교

구 분	총액벌금제도	일수벌금제도
행위자의 책임	전체 벌금액 산정 기준	일수의 기준
행위자의 경제능력과 지불능력	고려하지 않음	1일 벌금액 산정 시 고려
형벌의 위하력	낮음	높음
노역장 유치기간의 산정	복잡함	일수만큼 유치(명료함)
배분적 정의실현	부합하지 않음	부합함

📋 벌금미납자의 사회봉사집행 흐름

벌금미납자(500만원)
검사의 납부명령일부터 30일 이내

→ 신청

검 사
신청일부터 7일 이내에 청구 여부 결정

→ 청구

법 원
• 14일 이내에 허가 여부 결정 • 불허가 벌금미납자는 고지받은 날부터 15일 이내 납부(미납시 노역장 유치) • 허가 시 3일 이내 보호관찰소장에게 필요한 서류 송부

사회봉사 대상자
허가의 고지를 받은 날부터 10일 이내 보호관찰소장에게 신고

집 행
• 보호관찰관이 집행 • 보호관찰관이 사회봉사의 집행분야를 정한다. • 1일 9시간을 넘겨 집행할 수 없다(연장집행 시에도 1일 총 13시간을 초과할 수 없다). • 집행기간 : 6개월(검사의 허가를 받아 6개월 범위에서 한번 연장 가능) • 연장허가 신청 : 집행이 끝나기 10일 전까지 신청(검사는 7일 이내 연장 여부 결정)

허가 취소
• 보호관찰소장 신청 → 검사의 청구 → 법원의 결정 • 법원은 14일 이내에 취소 여부 결정 • 취소 시 : 미납벌금 7일 이내 납부(미납 시 노역장 유치)

종 료
• 사회봉사의 집행을 마친 경우 • 사회봉사 대상자가 벌금을 완납한 경우 • 사회봉사 허가가 취소된 경우 • 사회봉사 대상자가 사망한 경우

📋 형벌 정리

생명형	사형		교수형에 처함(군은 총살형)
자유형	징역 금고	무기	종신(단, 20년이 경과한 후에는 가석방이 가능)
		유기	1월 이상 30년 이하(단, 가중 시는 50년 이하)
	구류		1일 이상 30일 미만
명예형	자격 정지	당연정지(형법 제43조 제2항)	형집행의 종료 또는 면제 시까지
		선고에 의한 정지(형법 제44조)	1년 이상 15년 이하
재산형	벌금	5만원 이상	노역유치 : 1일 이상(월이 아님) 3년 이하
	과료	2천원 이상 5만원 미만	노역유치 : 1일 이상 30일 미만

📋 선고유예 · 집행유예 · 가석방의 총정리

구 분	선고유예	집행유예	가석방
요 건	① 1년 이하 징역·금고, 자격정지 또는 벌금의 형을 선고할 경우 ② 뉘우치는 정상이 뚜렷할 것 ③ 자격정지 이상의 전과가 없을 것	① 3년 이하의 징역이나 금고 또는 500만원 이하의 벌금의 형을 선고할 경우 ② 정상을 참작할 만한 사유가 있는 때 ③ 금고 이상의 형을 선고한 판결이 확정된 때부터 그 집행을 종료하거나 면제된 후 3년까지의 기간에 범한 죄에 대하여 형을 선고하는 경우에는 그러하지 아니하다.	① 징역이나 금고의 집행 중에 있는 사람으로서 무기형은 20년, 유기형은 형기의 3분의 1이 지난 후일 것 ② 행상이 양호하여 뉘우침이 뚜렷할 것 ③ 벌금이나 과료가 병과되어 있는 때에는 그 금액을 완납할 것
기 간	2년	1년 이상 5년 이하	무기는 10년, 유기는 남은 형기
결 정	법원의 재량	법원의 재량	행정처분
효 과	면소된 것으로 간주 (전과가 남지 않음)	형선고의 효력상실	형집행이 종료된 것으로 간주
보호 관찰	보호관찰 ① 임의적 ② 1년의 기간	보호관찰, 사회봉사·수강명령 ① 임의적 ② 기간 • 보호관찰 ⇨ 집행유예기간 (단, 법원의 재량 인정) • 사회봉사·수강명령 ⇨ 집행유예기간 내에 집행	보호관찰 ① 필요적(단, 가석방을 허가한 행정관청이 필요 없다고 인정한 때에는 제외) ② 기간 : 가석방 기간 중
실 효	① 유예기간 중 자격정지 이상의 형에 대한 판결이 확정된 경우나 자격정지 이상의 형에 대한 전과가 발견된 경우 ⇨ 필요적 ② 보호관찰기간 중에 준수사항을 위반하고 그 정도가 무거운 때 ⇨ 임의적	유예기간 중 금고 이상의 형선고를 받아 그 판결이 확정된 때 **(과실범은 제외)**	가석방 기간 중 고의로 지은 죄로 금고 이상의 형을 선고받아 그 판결이 확정된 경우 **(과실범은 제외)**
취 소	**없음**	① 위의 요건 ③(제62조 단서)이 결여된 것이 발견된 때**(필요적 취소)** ② 보호관찰, 사회봉사, 수강명령을 받은 집행유예자가 준수사항이나 명령을 위반하고 그 정도가 무거운 때**(임의적 취소)**	감시에 관한 규칙에 위배하거나, 보호관찰의 준수사항을 위반하고 그 정도가 무거운 때 **(임의적 취소)**

🖥 형벌과 보안처분의 구별

형 벌	보안처분
① 책임주의 : 책임을 전제로 하고 책임주의의 범위 내에서 과하여진다. ② 과거 : 과거 침해행위를 대상으로 하는 형사제재이다.	① 위험성 : 행위자의 사회적 위험성을 전제로 하여 특별예방의 관점에서 과하여진다. ② 미래 : 장래에 대한 예방적 성격을 가진 형사제재이다.

🖥 보안처분의 법적 성격 정리

구 분	이원주의		일원주의	대체주의(제한적 이원론)
의 의	응보형주의 : 형벌과 보안처분은 법적 성격이 다름 형벌 ≠ 보안처분		교육형주의 : 형벌과 보안처분은 정도와 분량의 차이일 뿐 동일	• 선고단계 : 형벌과 보안처분 별도 선고(이원론) • 집행단계 : 보안처분으로 대체되거나 선집행(일원론)
주장 학자	마이어, 비르크메이어, 베링 등 응보형론자		리스트, 페리 등의 목적형·교육형론자	슈토스 초안(스위스)
논 거	**형 벌**	**보안처분**	• 형벌 및 보안처분은 모두 사회방위 처분 • 형벌의 본질도 범죄인의 개선교화 • 형벌을 해악의 부과로만 보는 응보형론은 부당하며, 형벌도 수형자의 사회복귀에 중점	• 요건이나 선고는 별개이지만, 범죄인의 사회복귀라는 목적을 추구하고 있으므로 집행은 대체가 가능 • 집행의 순서는 보안처분이 개인적 처벌의 필요성이 적합하므로 먼저 집행하는 것이 합목적적 • 보안처분이 집행된 경우 그 기간을 형기에 산입하거나 형벌집행을 않는 기능적 대체를 인정 • 현실적응성이 있고 형사정책적 고려의 이론
	책 임	사회적 책임성		
	범죄의 진압	범죄의 예방		
	회고적	전망적		
	응 보	사회방위 교정교육		
	형사처분	행정처분		
대체성	형벌과의 대체성은 부정하지만 병과는 인정		대체성으로 어느 하나만을 선고·집행해야 함	요건과 선고는 별개이지만, 집행은 대체가 가능
선고 기관	행정처분이므로 행정청에서		형사처분이므로 법원에서	특별법이나 형소법에 특별규정을 두는 것이 바람직
문제점	• 이중처벌의 위험성 • 벨젤(Welzel)은 상표사기, 콜라우슈(Kohlrausch)는 명칭사기라 비판		• 책임주의에 반할 위험성 • 형사정책적인 문제	• 책임주의와 불일치 • 양자의 적용범위가 불분명 • 정의의 관념에 반하는 부당한 결과를 초래

📋 현행법상 보안처분 총정리

법률	종류	내용
「치료감호 등에 관한 법률」	치료감호	심신장애인과 정신성적 장애인은 15년, 약물중독자는 2년을 초과할 수 없다.
	보호관찰	가종료, 치료위탁 시 3년이다.
	치료명령	심신미약자, 알콜중독자, 약물중독자 : 선고유예와 집행유예 시 보호관찰 기간 내
「보호관찰 등에 관한 법률」	보호관찰처분	죄를 범한 자에 대해 선고유예나 집행유예 혹은 가석방이나 임시퇴원을 하는 경우에 적용한다.
「형법」	보호관찰	• 선고유예 시 법원의 재량으로 보호관찰을 명할 수 있다(제59조의2). • 집행유예 시 법원의 재량으로 보호관찰을 명할 수 있다(제62조의2). • 가석방된 자는 가석방 기간 중 보호관찰을 받는다. 다만, 관청의 판단에 따라 보호관찰을 부과하지 않을 수 있다(제73조의2).
	사회봉사명령 · 수강명령	집행유예 시 법원은 사회봉사 또는 수강을 명할 수 있다(제62조의2).
「소년법」 (제32조)	보호처분	• 제1호 : 보호자 등 감호위탁(6월 + 6월) • 제2호 : 수강명령(100시간, 12세 이상) • 제3호 : 사회봉사명령(200시간, 14세 이상) • 제4호 : 보호관찰관의 단기보호관찰(1년) • 제5호 : 보호관찰관의 장기보호관찰(2년 + 1년) • 제6호 : 아동복지시설이나 소년보호시설에 감호위탁(6월 + 6월) • 제7호 : 병원, 요양소 또는 소년의료보호시설에 위탁(6월 + 6월) • 제8호 : 1개월 이내의 소년원 송치 • 제9호 : 단기소년원 송치(6월 이내) • 제10호 : 장기소년원 송치(12세 이상, 2년 이내)

📑 **현행법상 보호관찰 대상자 및 기간**

적용법규	대상(근거)	기 간
「형법」	보호관찰을 조건으로 형의 선고유예를 받은 자(제59조의2)	1년
	보호관찰을 조건으로 형의 집행유예를 받은 자(제62조의2)	유예기간(기간을 따로 정한 경우는 그 기간) - 1년 이상 5년 이하
	가석방된 자(제73조의2)	잔형기간(10년 초과할 수 없음)
「소년법」	단기보호관찰처분을 받은 자(제32조 제1항 제4호)	1년
	장기보호관찰처분을 받은 자(제32조 제1항 제5호)	2년(＋1차 1년)
	임시퇴원된 자(「보호관찰 등에 관한 법률」 제30조)	6월~2년
「치료감호 등에 관한 법률」	가종료자와 치료위탁된 자, 만료자	3년
「가정폭력범죄의 처벌 등에 관한 특례법」	보호관찰처분을 받은 자(제40조)	6월 이내 (보호관찰처분 변경 시 1년 가능)
「성매매알선 등 행위의 처벌에 대한 법률」	보호관찰처분을 받은 자(제14조)	6월 이내 (보호관찰처분 변경 시 1년 가능)
「아동 · 청소년의 성보호에 관한 법률」	「소년법」상의 보호처분사건으로 처리(제27조, 「소년법」 제32조)	1년~2년
	재범위험성이 높은 아동 · 청소년 대상 성폭행범에 대한 형 집행 종료 이후 실시	2년 이상 5년 이하 (검사의 청구, 법원의 판결)
「전자장치 부착 등에 관한 법률」	재범의 위험성이 높은 특정 범죄자에 대한 형 집행 종료 이후 실시	2년 이상 5년 이하 (검사의 청구, 법원의 판결)
「성폭력 범죄의 처벌 등에 관한 특례법」	선고유예와 집행유예시 실시	┌선고유예 : 1년(소년 필요적, 성인 임의적 부과) └집행유예 : 유예기간 내(소년 · 성인 임의적 부과)

📋 국내외 여행 비교 · 구분

보호관찰 대상자	주거를 이전하거나 1개월 이상 국내외 여행을 할 때에는 미리 보호관찰관에게 신고할 것 (보호관찰법 제32조 제2항)
사회봉사 · 수강명령 대상자	주거를 이전하거나 1개월 이상 국내외 여행을 할 때에는 미리 보호관찰관에게 신고할 것 (보호관찰법 제62조 제2항)
전자장치가 부착된 자	피부착자는 주거를 이전하거나 7일 이상의 국내여행을 하거나 출국할 때에는 미리 보호관찰관의 허가를 받아야 한다(전자장치부착법 제14조 제3항).
치료명령 대상자	치료명령을 받은 사람은 주거 이전 또는 7일 이상의 국내여행을 하거나 출국할 때에는 미리 보호관찰관의 허가를 받아야 한다(성충동약물치료법 제15조 제3항).
가석방자 관리규정	가석방자는 국내 주거지 이전 또는 1개월 이상 국내 여행을 하려는 경우 관할경찰서의 장에게 신고하여야 한다(제10조 제1항).
	가석방자는 국외 이주 또는 1개월 이상 국외 여행을 하려는 경우 관할경찰서의 장에게 신고하여야 한다(제13조 제1항).

📋 치료감호대상자 수용기간과 시효

치료감호대상자	치료감호시설 수용기간	치료감호의 시효
1. 「형법」 제10조 제1항(심신상실자)에 따라 벌하지 아니하거나 같은 조 제2항 (심신미약자)에 따라 형을 감경할 수 있는 심신장애인으로서 금고 이상의 형에 해당하는 죄를 지은 자 3. 소아성기호증, 성적가학증 등 성적 성벽이 있는 정신성적 장애인으로서 금고 이상의 형에 해당하는 성폭력범죄를 지은 자	15년	10년
2. 마약 · 향정신성의약품 · 대마, 그 밖에 남용되거나 해독을 끼칠 우려가 있는 물질이나 알코올을 식음 · 섭취 · 흡입 · 흡연 또는 주입받는 습벽이 있거나 그에 중독된 자로서 금고 이상의 형에 해당하는 죄를 지은 자	2년	7년

📋 참작과 고려 비교 · 구분

참작 ×	• 치료명령의 선고는 피고사건의 양형에 유리하게 참작되어서는 아니 된다(성충동약물치료법 제8조 제6항). • 부착명령의 선고는 특정범죄사건의 양형에 유리하게 참작되어서는 아니 된다(전자장치부착법 제9조 제7항). • 보호관찰명령의 선고는 특정범죄사건의 양형에 유리하게 참작되어서는 아니 된다(전자장치부착법 제21조의8 준용규정).
고려 ○	• 가석방심사위원회는 성폭력 수형자의 가석방 적격심사를 할 때에는 치료명령이 결정된 사실을 고려하여야 한다(성충동약물치료법 제23조 제2항). • 소년부 판사는 소년이 화해의 권고에 따라 피해자와 화해하였을 경우에는 보호처분을 결정할 때 이를 고려할 수 있다(소년법 제25조의3 제3항).

📑 치료명령 종료사유 정리

성폭력 범죄자에 대한 치료명령	성폭력 수형자에 대한 치료명령	가종료자 등에 대한 치료명령
• 치료기간이 지난 때 • 치료명령과 함께 선고한 형이 사면되어 그 선고의 효력을 상실하게 된 때 • 치료명령이 임시해제된 사람이 그 임시해제가 취소됨이 없이 잔여 치료기간을 지난 때	• 치료기간이 지난 때(준용 규정) • 성폭력 수형자에게 선고된 징역형 이상의 형이 사면되어 그 선고의 효력을 상실하게 된 때 • 치료명령이 임시해제된 사람이 그 임시해제가 취소됨이 없이 잔여 치료기간을 지난 때(준용 규정)	• 치료기간이 지난 때 • 가출소·가종료·치료위탁으로 인한 보호관찰 기간이 경과하거나 보호관찰이 종료된 때 • 치료명령이 임시해제된 사람이 그 임시해제가 취소됨이 없이 잔여 치료기간을 지난 때(준용 규정)

📑 임시해제 및 종료 비교·구분

보호관찰소장·피부착자·법정대리인	3개월 경과 후	보호관찰심사위원회에 임시해제 신청	전자장치 부착법 제17조 제2항
보호관찰소장·치료명령을 받은 사람·법정대리인	6개월 경과 후		성충동 약물치료법 제17조 제2항
피치료감호자·법정대리인 등		치료감호심의위원회에 치료감호의 종료 여부 심사·결정 신청	치료감호법 제44조 제3항

📑 전자장치부착법상 형집행 종료 후의 보호관찰 비교·구분

부착명령	대상자 준수사항	특정범죄 치료 프로그램의 이수	500시간의 범위(9조의2)
보호관찰명령			300시간의 범위(21조의4)

📑 전자장치 부착명령 vs 부착집행

구 분	부착명령	부착집행
결정기관	법원의 부착명령판결	보호관찰심사위원회·치료감호심의위원회의 결정
부착기간	최소 1년에서 최대 30년	가석방 기간, 보호관찰기간의 범위
부착시작 시점	• 형집행 종료·면제·가석방되는 날 • 치료감호의 집행종료·가종료되는 날	• 가석방되는 날 • 치료감호의 치료위탁·가종료·가출소되는 날
종료시점	• 부착명령기간이 경과한 때 • 부착명령과 함께 선고한 형이 사면되어 그 선고의 효력을 상실하게 된 때 • 부착명령이 임시해제된 자가 그 임시해제가 취소됨이 없이 잔여 부착명령기간을 경과한 때	• 가석방기간이 경과하거나 가석방이 실효 또는 취소된 때 • 가종료자 등의 부착기간이 경과하거나 보호관찰이 종료된 때 • 가석방된 형이 사면되어 형의 선고의 효력을 상실하게 된 때

📋 전자장치 집행종료 사유 정리

판결선고에 의한 부착명령집행	가석방 및 가종료자의 부착집행	집행유예와 부착명령	보석과 부착명령
• 부착명령기간이 경과한 때 • 부착명령과 함께 선고한 형이 사면되어 그 선고의 효력을 상실하게 된 때 • 부착명령이 임시해제된 자가 그 임시해제가 취소됨이 없이 잔여 부착명령기간을 경과한 때	• 가석방 기간이 경과하거나 가석방이 실효 또는 취소된 때 • 가종료자 등의 부착기간이 경과하거나 보호관찰이 종료된 때 • 가석방된 형이 사면되어 형의 선고의 효력을 상실하게 된 때	• 부착명령기간이 경과한 때 • 집행유예가 실효 또는 취소된 때 • 집행유예된 형이 사면되어 형의 선고의 효력을 상실하게 된 때	• 구속영장의 효력이 소멸한 경우 • 보석이 취소된 경우 • 보석조건이 변경되어 전자장치를 부착할 필요가 없게 되는 경우

📋 주요법률 비교·구분

구 분	치료감호법	전자장치부착법	성충동약물치료법
토지관할	치료감호사건과 동시에 심리하거나 심리할 수 있었던 사건의 관할	부착명령 청구사건과 동시에 심리하는 특정범죄사건의 관할	치료명령 청구사건과 동시에 심리하는 피고사건의 관할
사물관할	지방법원(지원) 합의부	지방법원(지원) 합의부	지방법원(지원) 합의부
청구시기	공소제기한 사건의 항소심 변론종결 시까지	특정범죄사건의 항소심 변론종결 시까지	피고사건의 항소심 변론종결 시까지
전문가 진단	치료감호대상자에 대한 치료감호를 청구할 때에는 정신건강의학과 등의 전문의의 진단이나 감정을 참고하여야 한다. 다만, 소아성기호증, 성적가학증 등 성적 성벽이 있는 정신성적 장애인으로서 금고 이상의 형에 해당하는 성폭력범죄를 지은 자에 대하여는 정신건강의학과 등의 전문의의 진단이나 감정을 받은 후 치료감호를 청구하여야 한다.	검사는 부착명령을 청구함에 있어서 필요한 경우에는 피의자에 대한 정신감정이나 그 밖에 전문가의 진단 등의 결과를 참고하여야 한다.	검사는 치료명령 청구대상자에 대하여 정신건강의학과 전문의의 진단이나 감정을 받은 후 치료명령을 청구하여야 한다.
법원의 청구 요구	법원은 공소제기된 사건의 심리 결과 치료감호를 할 필요가 있다고 인정할 때에는 검사에게 치료감호 청구를 요구할 수 있다.	법원은 공소가 제기된 특정범죄사건을 심리한 결과 부착명령을 선고할 필요가 있다고 인정하는 때에는 검사에게 부착명령의 청구를 요구할 수 있다.	법원은 피고사건의 심리결과 치료명령을 할 필요가 있다고 인정하는 때에는 검사에게 치료명령의 청구를 요구할 수 있다.

청구 시효	① 치료감호 청구의 시효는 치료감호가 청구된 사건과 동시에 심리하거나 심리할 수 있었던 죄에 대한 공소시효 기간이 지나면 완성된다. ② 치료감호가 청구된 사건은 판결의 확정 없이 치료감호가 청구되었을 때부터 15년이 지나면 청구의 시효가 완성된 것으로 본다.	특정범죄사건에 대하여 판결의 확정 없이 공소가 제기된 때부터 15년이 경과한 경우에는 부착명령을 청구할 수 없다.	피고사건에 대하여 판결의 확정 없이 공소가 제기되거나 치료감호가 독립청구된 때부터 15년이 지나면 치료명령을 청구할 수 없다.
시 효	피치료감호자는 그 판결이 확정된 후 집행을 받지 아니하고 10년(제2조 제1항 제1호 및 제3호에 해당하는 자), 7년(제2조 제1항 제2호에 해당하는 자)이 지나면 시효가 완성되어 집행이 면제된다.	피부착명령자는 그 판결이 확정된 후 집행을 받지 아니하고 함께 선고된 특정범죄사건의 형의 시효가 완성되면 그 집행이 면제된다.	피부착명령자는 그 판결이 확정된 후 집행을 받지 아니하고 함께 선고된 특정범죄사건의 형의 시효가 완성되면 그 집행이 면제된다.
판 결	피고사건의 판결과 동시에 선고하여야 한다.	특정범죄사건의 판결과 동시에 선고하여야 한다.	피고사건의 판결과 동시에 선고하여야 한다.
임시해제 (가종료)	치료감호심의위원회는 피치료감호자에 대하여 치료감호 집행을 시작한 후 매 6개월마다 치료감호의 종료 또는 가종료 여부를 심사·결정하고, 가종료 또는 치료위탁된 피치료감호자에 대하여는 가종료 또는 치료위탁 후 매 6개월마다 종료 여부를 심사·결정한다.	임시해제 신청은 부착명령의 집행이 개시된 날부터 3개월이 경과한 후에 하여야 한다. 신청이 기각된 경우에는 기각된 날부터 3개월이 경과한 후에 다시 신청할 수 있다.	임시해제 신청은 치료명령의 집행이 개시된 날부터 6개월이 지난 후에 하여야 한다. 신청이 기각된 경우에는 기각된 날부터 6개월이 지난 후에 다시 신청할 수 있다.

소년법 보호처분과 형사처분의 구별

보호처분(일반법적 성격)	형사처분(특별법적 성격)
반사회적 행위(범죄소년, 촉법소년)를 하거나 위험성이 있는 소년(우범소년)에 대한 교육적·복지적 성격(탄력성과 융통성)의 처분으로서 사법적 판단(형식의 엄격성)에 따른 징벌적·강제적 성격을 갖는 비자의적인 조치	형법에 의한 제재를 과할 목적으로 14세 이상 19세 미만의 소년에게 부과하는 형사처분으로 형벌에 의한 제재라는 점에서 일반 형사처분과 그 기반은 같으나 그 대상이 소년이라는 점에서 절차상·심판상·행형상의 특칙 적용

소년원과 소년교도소의 비교

구 분	소년원	소년교도소
처분청	가정법원·지방법원 소년부	형사법원
적용법률	보호소년 등의 처우에 관한 법률	형집행법
처분의 종류	보호처분(8·9·10호처분)	형벌(징역, 금고)
시 설	소년원	소년교도소
수용대상	범죄소년, 촉법소년, 우범소년	범죄소년
수용기간	교육훈련기간(부정기, 22세까지)	선고에 의한 자유형의 집행기간
사회복귀	퇴원	만기석방
	임시퇴원	가석방

소년보호의 대상

범죄소년	• 죄를 범한 14세 이상 19세 미만의 소년 • 보호처분이나 형사처분 모두 가능
촉법소년	• 형벌법령에 저촉된 행위를 한 10세 이상 14세 미만의 소년 • 형사책임능력이 없으므로 형사처벌은 불가능하고 보호처분만 가능
우범소년	• 성격 또는 환경에 비추어 장래에 형법에 저촉되는 행위를 할 우려가 있는 10세 이상의 소년으로 다음에 열거하는 사유가 있는 자 ① 집단적으로 몰려다니며 주위 사람들에게 불안감을 조성하는 성벽이 있는 것 ② 정당한 이유 없이 가출하는 것 ③ 술을 마시고 소란을 피우거나 유해환경에 접하는 성벽이 있는 것 • 형사처벌은 불가능하고 보호처분만 가능

🗂 소년 보호처분

처분종류 (제32조 제1항)	병합(제32조 제2항)					보호관찰처분에 따른 부가처분 등(제32조의2)	보호처분의 기간 (제33조)		보고서· 의견서 제출요구, 집행상황보 고(제36조)	처분의 변경 (제37조)
	제1호	제2호	제3호	제4호	제5호					
보호자 등 감호 위탁(제1호)	○	○				① 제32조 제1항 제4호 또는 제5호의 처분을 할 때에 3개월 이내의 기간을 정하여 「보호소년 등의 처우에 관한 법률」에 따른 대안교육 또는 소년의 상담·선도·교화와 관련된 단체나 시설에서의 상담·교육을 받을 것을 동시에 명할 수 있다. ② 제32조 제1항 제4호 또는 제5호의 처분을 할 때에 1년 이내의 기간을 정하여 야간 등 특정 시간대의 외출을 제한하는 명령을 보호관찰대상자의 준수 사항으로 부과할 수 있다. ③ 소년부 판사는 가정상황 등을 고려하여 필요하다고 판단되면 보호자에게 소년원·소년분류심사원 또는 보호관찰소 등에서 실시하는 소년의 보호를 위한 특별교육을 받을 것을 명할 수 있다.	위탁기간 : 6개월(한번에 한하여 6개월 이내 연장 가능)		○	• 신청에 따른 변경 : 제32조의 보호처분과 제32조의2의 부가처분 • 직권에 의한 변경 : 제32조 제1항 제1호·제6호·제7호의 보호처분과 제32조의2 제1항의 부가 처분
수강명령(제2호) (12세 이상의 소년)	○	○					수강명령 : 100시간 이내			
사회봉사명령 (제3호) (14세 이상의 소년)	○	○					사회봉사 : 200시간 이내			
단기 보호관찰 (제4호)	○		○				보호관찰기간 : 1년 (기간연장 X)			
장기 보호관찰 (제5호)		○		○	○		보호관찰기간 : 2년(보호관찰관의 신청에 따라 결정으로 한번에 한하여 1년 이내 연장 가능)	제33조 (보호처분의 기간) ⑦ 제32조 제1항 제6호부터 제10호까지의 어느 하나에 해당하는 처분을 받은 소년이 시설위탁이나 수용 이후 그 시설을 이탈하였을 때에는 위 처분기간은 진행이 정지되고, 재위탁 또는 재수용된 때로부터 다시 진행한다.		
아동복지시설이나 소년보호시설에 감호위탁(제6호)			○	○			위탁기간 : 6개월 (한번에 한하여 6개월 이내 연장 가능)		○	
병원, 요양소 또는 의료재활소년원 위탁(제7호)							위탁기간 : 6개월 (한번에 한하여 6개월 이내 연장 가능)		○	
1개월 이내의 소년원 송치 (제8호)					○		보호기간 : 1개월 이내			
단기 소년원 송치 (제9호)							보호기간 : 6개월 이내			
장기 소년원 송치 (제10호) (12세 이상의 소년)							보호기간 : 2년 이내			

소년부판사의 임시조치 (제18조)	제1항	1. 보호자, 소년을 보호할 수 있는 적당한 자 또는 시설에 위탁 2. 병원이나 그 밖의 요양소에 위탁 3. 소년분류심사원에 위탁
	제2항	동행된 소년 또는 소년부 송치결정에 따라 인도된 소년에 대하여는 도착한 때로부터 24시간 이내에 제1항의 조치를 하여야 한다.
	제3항	제1항 제1호 및 제2호의 위탁기간 : 3개월+3개월, 제1항 제3호의 위탁기간 : 1개월+1개월
보호처분의 취소 (39조만 임의적 취소, 나머지는 필요적 취소)	제38조 제1항	보호처분이 계속 중일 때에 사건 본인이 처분 당시 19세 이상인 것으로 밝혀진 경우에는 소년부 판사는 결정으로써 그 보호처분을 취소하고 검사·경찰서장의 송치 또는 통고에 의한 사건인 경우에는 관할 지방법원에 대응하는 검찰청 검사에게 송치하고 법원이 송치한 사건인 경우에는 송치한 법원에 이송한다.
	제38조 제2항	범죄소년·촉법소년에 대한 보호처분이 계속 중일 때에 사건 본인이 행위 당시 10세 미만으로 밝혀진 경우 또는 우범소년에 대한 보호처분이 계속 중일 때에 사건 본인이 처분 당시 10세 미만으로 밝혀진 경우에는 소년부 판사는 결정으로써 그 보호처분을 취소하여야 한다.
	제39조	보호처분이 계속 중일 때에 사건 본인에 대하여 유죄판결이 확정된 경우에 보호처분을 한 소년부 판사는 그 처분을 존속할 필요가 없다고 인정하면 결정으로써 보호처분을 취소할 수 있다.
	제40조	보호처분이 계속 중일 때에 사건 본인에 대하여 새로운 보호처분이 있었을 때에는 그 처분을 한 소년부 판사는 이전의 보호처분을 한 소년부에 조회하여 어느 하나의 보호처분을 취소하여야 한다.

이준

박문각 종로고시학원, 박문각 공무원학원, 백석문화대학교
공무원학부를 비롯한 다양한 분야에서 교정학 전문강사로
활동해왔다. 교정학 강의를 매개로 한 교정공무원들과의
소중한 만남을 통해 교정사랑의 깊이를 더하면서 대학원
에서 '교정시설에서 수용자 한글 표준어 사용'에 관한 연구
과제로 교정이해의 폭을 넓혀가고 있다. 현재 박문각 공무
원학원 교정학 대표강사로 활동하고 있으며 저서로는 「박
문각 교정학」, 「교정학 예상문제집」, 「교정관계법령집」 등이
있다.

이준 마법 교정학
기출 옳은 지문
익힘장

초판인쇄 | 2023. 2. 23. **초판발행** | 2023. 2. 28. **편저** | 이준 편저
발행인 | 박 용 **발행처** | (주)박문각출판 **등록** | 2015년 4월 29일 제2015-000104호
주소 | 06654 서울시 서초구 효령로 283 서경빌딩 4층 **팩스** | (02)584-2927
전화 | 교재 주문 (02)6466-7202, 동영상문의 (02)6466-7201

저자와의
협의하에
인지생략

정가 13,000원
ISBN 979-11-6987-183-9